KB254128

여자 쉰 살,
우아하게
자유롭게

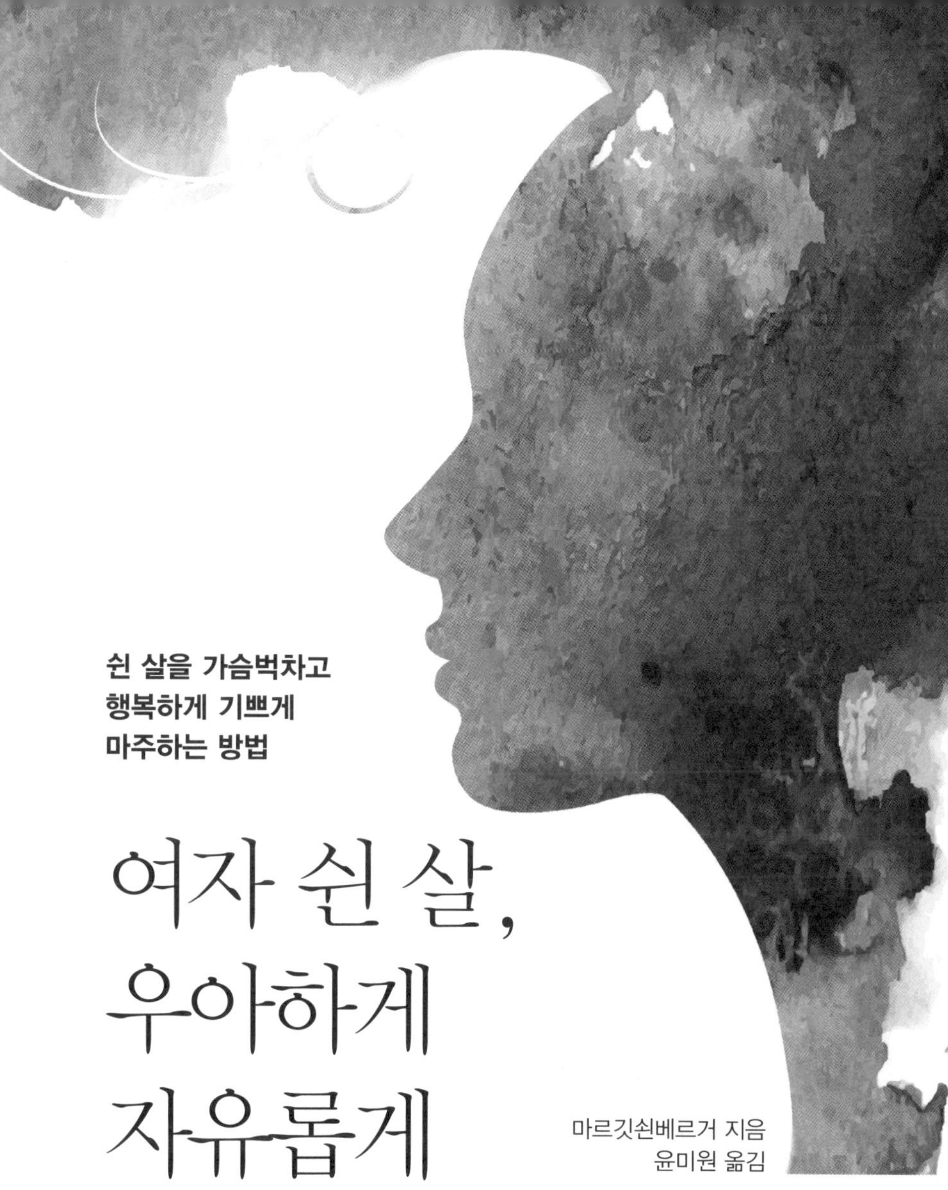

쉰 살을 가슴벅차고
행복하게 기쁘게
마주하는 방법

여자 쉰 살,
우아하게
자유롭게

마르깃쇤베르거 지음
윤미원 옮김

북씽크

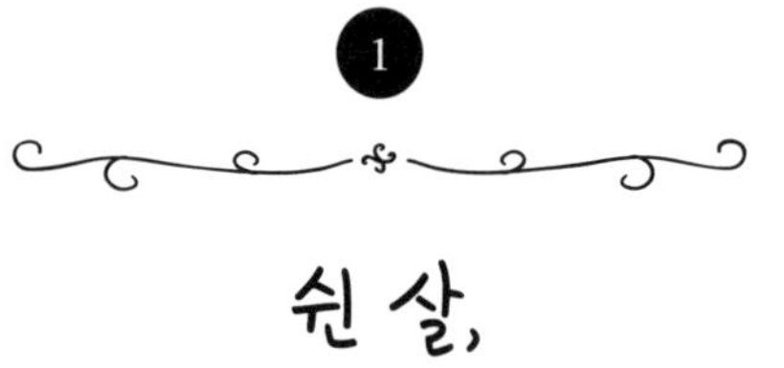

쉰 살,
진정한 자유인이 되는 그날!

왼쪽 가슴에 손을 살포시 올려보자. 며칠이 지나면 쉰 살이 되는가? 아니면 바로 오늘? 어쨌거나 지금 당신의 심장이 열심히 뛰고 있다는 것은 기적이다. 인간의 수명이 50년이던 시절이 있었다. 짐승에게 잡아먹혀서 그런 것은 아니다. 수렵 생활을 하는 등 몸으로 부딪혀 의식주를 해결했던 삶이 너무도 힘겨웠기 때문이다. 당시 수렵민들은 인간이 80년을 넘게 살 것이라는 사실을 상상도 하지 못했으리라. 그 옛날 우리 조상들은 스무 번째 혹은 스물다섯 번째 생일을 맞으면서 벌써 인생의 반을 살았다고 한숨을 길게 내쉬었을지도 모른다. 해마다 생일을 맞을 여유가 있었다면 말이다.

나는 생일을 비롯해 기념일을 잘 기억하지 못하기로 유명하다. 해마다 가족이나 친구들의 생일이 그렇게 헷갈릴 수가 없다. 결혼기념일조차도 1월 14일인지 16일인지 오락가락한다. 세상에서 가장 아름다운 도시 베니스에서 환상적인 결혼식을 올렸던, 내 인생 최고의 순간이었는데도 말이다. 기념일과 관련해선 정말이지 기억력이 빵점이다.

이런 성격 탓에 제일 가까운, 사랑하는 이들이 내게 상처를 입은 경우는 손가락으로 꼽기 힘들 정도다. 이토록 대책 없는 무심함이 어디서 비롯된 걸까? 그렇다고 해서 내가 특별한 날을 만끽할 줄 모르는 무미건조한 사람은 아니다. 하지만 우리 선택과는 전혀 상관없는 생일을 축하한다는 게 이상하게 느껴지는 건 어쩔 수가 없다. (누가 우리에게 "태어날래, 말래?" 하고 물어본 적이 없다는 사실이 왠지 화가 난다. 인간은 모두 선택의 여지없이 이 세상에 태어난다.)

특별한 날을 축하한다는 것 자체는 뭐 그리 나쁠 것 없다. 가족의 생일날 축하 상에 자리한 자허 초콜릿 케이크는 비엔나 자허 호텔만의 비밀 레시피를 흉내 내어 엄마와 할머니의 정성으로 완성된, 비단처럼 흘러내리는 초콜릿과 그 안에 숨겨진 살구 잼의 기적이다. 심지어 그녀들의 자허 초콜릿 케이크는 원조와 거의 차이가 없으니 이 얼마나 큰 행운인가. 나는 그 케이크 위에 초가 몇 개나 꽂혀 있는지 따위에는 관심도 없다. 어서 케이크를 먹고 싶어 안달이 난 나에게 초는 얼른 치워버려야 할 거추장스러운 것이었다. 이런 성격 때문에 나는 쉰 살 생일을 며칠 앞두고도 별 생각이 없었나 보다.

이런 성격이 형성된 데에는 뭔가 이유가 있을 것이다. 나는 대가족 속에서 자랐다. 할머니 할아버지를 비롯해 모든 세대가 모인 우리 가족에게 있어 '나이'란 그리 흥미로운 주제가 되지 못한다. 우리 가족에게 할머니 할아버지는 가장 중요한 분들이었다. 물론 우리 부모님께는 자식인 우리도 그만큼 소중했을 테지만, 할머니와 할아버지는 '사랑의 샘물'이셨다. 나는 지금도 할아버지의 따스한 무릎 위에 앉아 이야기를 듣던 때가 기억이 난다. 그저 앉아만 있어도 좋았던 할아버지의 무릎에서 나는 '침묵의 지루함'이라고는 전혀 몰랐다. '현명한 침묵'에서 사고하는 법을 배운다고 하지 않는가. 농사일 때문에 거칠어진 두 분의 손이 아직도 느껴진다. 그 큰 손은 언제나 내 작은 손을 따뜻하게 감싸주었다. "두 분의 손을 잡고 세상 끝까지라도 가겠어요"라고 말했던 적도 있었다. (지금은 3층에 살면서도 엘리베이터를 탈 정도로 게을러졌지만.) 삶을 너무 간편하게 만들어버린 현대 문명이 오히려 삶을 불신하게 만들어버리는 건 아닐까?

내가 쓴 책《쉰 살이 된다고요? 걱정하지 말아요(Don't worry, be fifty)》가 출간되면서 나이를 먹는 것에 대해 너무 미화한 것이 아니냐는 비판을 받기도 했다. 그러나 얼마나 많은 사람들이 나이 먹는다는 것을 두려워하는지 알기에 이런 질책이 그리 불편하진 않았다. 예순 살 생일을 몇 년 앞둔 나 역시, 자동차에서 내릴 때도 한껏 우아한 포즈를 취하곤 하지만 가끔은 나이를 먹는 것에 두려움을 느낀다.

그러나 단언컨대 나이를 먹는다는 것에 대해 두려워할 여유가 있다는 것 자체가 일종의 사치이다. 나이를 먹는다는 사실을 받아들이지 못하는 것은 자신이 여전히 청춘이라고 착각을 하고 있기 때문이다. 이는 익은 과일보다 설익은 과일이 더 좋다는 말이고, 활짝 핀 장미보다 채 피지도 않은 꽃망울이 더 좋다는 이야기다.

당신은 막 쉰 살이 되었거나 쉰 살이 지났을 것이다. 그리고 당신은 여전히 '살고' 있다. 이 책을 손에 들고 있다면 별 걱정 없이 잘 살고 있는 사람이리라. 그리고 사랑하는 사람에게서 이 책을 선물 받았다면 당신을 챙겨주는 누군가가 있다는 것이니 참 행복한 일이 아닌가. 세상에는 하루하루 먹고살기도 빠듯한 사람들이 많다. 또한 어느 누구의 사랑도 받지 못한 채 외로움에 허덕이며 살아가는 이들도 있다. 그에 비해 나이 먹는 것을 걱정하고 나이를 먹으면 어떤 일이 생길까 궁금해할 여유가 있는 당신은 참으로 호강하며 살고 있는 사람이다. 그러니 당신이 누릴 수 있는 그 자유에 감사해야 한다. 쉰 살이 된다는 것은 참으로 긴장되고 기쁜 일이다. 이미 수년을 앞질러 살고 있는 선배인 내 말을 믿어주길 바란다.

성찰의 여백

- 어렸을 때 가장 멋졌던 생일 파티를 기억해보라. 몇 살 때였고 누구누구에게 축하를 받았나? 생일 선물로는 뭘 받았는가? 그 생일 파티가 구체적으로 어땠는지 떠올려보자.
- 이번에는 여든 살 생일이 며칠 남지 않았다고 상상해보자. 생일 파티 장소와 초대 손님을 선택해야 한다. 돈은 얼마가 들어도 괜찮다. 당신의 여든 살 생일이 어떨지 한번 상상해보라.

축제는
시작되었다

그동안 멀쩡했던 사람이 쉰 살을 하루 앞두고 몽유병에 걸려 밤새 집 안을 돌아다닐 확률은 거의 없다. 귀신이 나타날 확률은 더더욱 없다. 뭐, 그 대신 아침에 일어났을 때 전날 마신 술 때문에 머리가 돌덩이처럼 무거울 순 있겠다. 한 살을 더 먹을 때마다 늘 그랬듯이 말이다.

그렇다, 이제 당신은 쉰 살이다. 그런데 그게 뭐가 어떻단 말인가? 아무런 일도 벌어지지 않았다. 오히려 단호한 태도로 앞날을 결정할 수 있게 되었다. 정직한 결정을 내릴 수 있게 된 때가 드디어 온 것이다. 그로써 당신은 훗날에 "그 결정으로 내 인생은 정말 멋졌어!"라고 감탄할 수 있으리라. 이 얼마나 환상적인가!

이제부터 당신은 다른 사람이 아닌 오직 자신을 위해 인생을 꾸려나갈 수 있다. 그동안 얼마나 많은 걱정거리를 짊어지고 왔는가. 이제 우리는 가장 단순하고 유치하게, 이렇게 말할 수도 있다.

"내일 이 시간이 되면 모두 지나간 일일 뿐이야!"

우리에게는 괴로워하거나 두려움에 휩싸여 살아갈 하등의 이유가 없다. 모든 일을 있는 그대로 받아들일 수 있는 마음의 여유를 가져라. 미리 걱정한다고 해서 달라지는 것은 없다. 물론 모든 문제를 그냥 덮어둔 채 방치하라는 말이 아니다. 어쩌면 그 반대의 뜻일지도 모르겠다. 문제를 직시하려면 그것을 있는 그대로 받아들여야 하니 말이다. 휴가를 떠나기 전에 날짜와 교통편 등을 미리 계획하지 않는가? 어리석은 사람들은 길이 막힐 것을 뻔히 알면서도 그 길을 택한다.

학창시절에 시험을 앞두고 느꼈던 긴장감을 아직 기억하고 있을 것이다. 당시 당신의 시험 노이로제 증세는 어땠는가? 화장실을 시도 때도 없이 들락거렸다면 당신은 지극히 정상이었다. 불가피한 상황에서 우리의 내적 상태는 외적 상태에 직접적인 영향을 준다. 처리해야 할 과제로 인한 부담 때문에 다리가 덜덜 떨리는 것도 정상이다. 이런 몸의 반응으로 내적 부담이 덜해진다. 요컨대 이런 방식으로 당신은 인생의 고비를 넘겨온 것이다.

쉰 살을 맞는 생일에도 마찬가지이다. 쉰 살이 되었다고 하루 아침에 꼽추가 될 리도 없고 욕실 거울에서 귀신을 볼 일도 없다. 전날 밤에 잠을 제대로 못 자 눈이 침침할 순 있을지언정.

거울 속 당신의 입술이 처져 보이는가? 그렇다면 그것은 당신 마음의 모습일 뿐, 쉰 살이라는 나이 탓은 아니다. 이 나이에도 우리 대부분의 안면근육은 건재하다.

물론 쉰 살이 되는 바로 그날은 특별하다. 그동안 당신을 괴롭혀온 쉰 살에 대한 두려움에서 드디어 해방되는 날이니까 말이다. 아울러 당신은 마침내 진정한 자유인이 되는 것이다!

앞으로의 삶을 꾸려나갈 사람은 바로 당신 자신이다. 뭔가를 소유하게 되면 늘 그에 따른 책임이 생긴다. 자유도 마찬가지이다. 조물주가 인간에게 내려준 가장 큰 선물인 자유를 제대로 만끽하는 사람이 얼마나 될까? 아마 대부분이 타인에게 의존하며 살아왔으리라. 이 책을 손에 든 당신은 부디 능동적인 사람들이길 바란다.

이제 쉰 살이다. 각자의 인생 과제는 거의 완성 단계에 이르렀다. 그렇다면 앞으로 남은 것은 긴장감이란 찾아볼 수 없는 지루한 일상뿐일까? 아니다. 인생은 지금부터 시작이다. 당신의 낡은 습관들을 돌아보라. 몇 가지 중요한 교훈을 발견하게 될 것이다. 자신을 사랑하는 법, 스트레스에 시달리지 않으면서 기쁨을 누리는 법, 남의 눈치를 보는 대신 자신의 생각을 솔직하게 표현하는 법 등을 말이다.

그렇다, 당신은 이제 쉰 살이 되었지만 변한 것은 아무것도 없다. 단지 인생의 최종 리허설이 시작된 것일 뿐! 당신은 그 리허설의 하나뿐인 주인공이자 감독이다.

성찰의 여백

- 당신의 삶이 한 편의 연극이었다고 가정해보자. 그것은 어떤 연극이었나? 만약 여러 편의 작품으로 이뤄졌다면 각 연극에 대한 타이틀과 당신의 역할은 무엇이었는가?
- 할리우드에서 당신이 가장 좋아하는 영화를 다시 제작하겠다는 연락이 왔다. 주인공은 바로 당신이라고 한다. 자, 당신은 어떤 영화를 선택하겠는가?

3

에베레스트산에서
내려가라

당신은 지금 목숨을 걸고 힘겹게 오른 에베레스트산 정상의 야영 텐트를 떠나, 산자락에 자리한 야영장으로 돌아왔다. 그곳에는 뜨끈한 차와 따뜻한 담요가 당신을 기다리고 있다. 드디어 사람들과 대화다운 대화를 나누기 시작한다. 아, 이제야 살 것 같다!

내가 무슨 이야기를 하려는지 짐작이 가는가? 그렇다, 나는 에베레스트산을 '성공'에 비유하려고 한다. 바로 성공하기 위해 인생을 바친 당신의 이야기를 하고 싶은 것이다. 당신은 이제 쉰 살이다. 쉰 살이 되었다는 것은 인생의 최고봉, 즉 산으로 치면 에베레스트산에 도달한 것이나 마찬가지다. 오직 성공만을 바라보며 여기까지 달려온 당신에겐 이제 신기록 같은 건 아무 의미가 없다는 사실을 아는가?

성공이 전부였던 우리 세대들은 중역의 지위에서 젊은 사원들을 호령하고, 오직 자신의 기준으로 그들을 평가한다. 젊은 사원이 성공하고자 한다면 방법은 간단하다. 자신의 양심과 기준을 무시하고 상사의 취향에 적절히 맞춰주면 된다. 쉰 살이 되어 "난 성공하지 못했어!"라고 말할 수밖에 없다고 해서 슬퍼할 필요는 없다. 적어도 당신은 비인간적이며 냉정한 인간이라고 비난받은 적은 없지 않은가.

아침 일찍 눈을 뜬다. 낯선 호텔방, 커튼 사이로 비치는 햇살이 강렬하다. 눈을 비비며 주변을 둘러본다.

"음…… 여기가 어디지?"

출장 때마다 아침에 일어나면 낯선 곳에 있는 나. 공항은 깨끗하게 다려진 양복에 묵직한 서류 가방을 들고 마스크를 쓴 듯 무표정한 얼굴을 한 사람들로 북적거린다. 그들의 양손에 들린, 알 수 없는 서류로 가득한 가방이 과연 그들의 인생을 행복하게 해줄까?

위로가 될지는 모르겠지만, 당신이 진정 원했다면 아마 그만큼의 권력과 재력을 얻었을 것이다. 하지만 '권력을 얻기 위해서는 어떤 방법이든 상관없다'고 했던 마키아벨리의 생각과 정반대되는, 인간적인 그 무엇인가가 당신의 집착을 매번 방해했을 것이다. 성공에 대한 끝없는 욕심과 상사에게 사랑받고 싶은 욕망에서 벗어나기는 쉽지 않았지만, (더러는 외롭고 삶이 냉정하다고 느끼며) 동시에 당신의 마음속에는 삶이 불행해져서는 안 된다는 자아의 외침이 울려 퍼졌을 것이다.

당신은 오직 자신의 욕망을 실현하기 위해 살았다. 짐작컨대 자신과 함께하는 주변인들을 위해 무엇인가를 할 수 있을 거라는 생각조차 쉽지 않았으리라. 이쯤에서 진지하게 자신의 삶을 한번 돌아보자. 직장을 전부로 알았던 당신을 진정으로 필요로 했던 소중한 사람이 있을 것이다. 아니면 반대로 당신이 그들을 필요로 했든가.

쉰 살이라는 나이라 해서 직장에서 꼭 높은 지위에 있어야 하는 건 아니다. 나이가 많다고 해서 다 높은 자리에 있어야 한다는 법은 없으니까. 평범한 지위에 있더라도 당신의 역할은 매우 중대하다. 제때 적절한 작업과 결정으로 상사의 업무 결과를 좌지우지하는 사람이 바로 당신이지 않은가.

쉰 살이 된다는 것이 두려운가? 이것도 당신의 생각에 달려 있다. 성공이 전부인 사람에게 나는 삶을 한번 돌아보라고 권하고 싶다. 물론 당신이 원하는 것은 '돈' 아니면 '권력'일 것이다. 물론 '두 가지 다'라고 말하는 사람도 있을 것이다. 어쩌면 돈과 권력 모두 행복한 삶을 사는 데 필수적인 조건인지도 모른다. 돈이 있어야 자유롭게 살 수 있으니 말이다. 인간의 삶에서 돈은 꼭 필요하다. 하지만 일생토록 번 돈을 전부 지출하고 죽는 것도 쉽지 않다. 뷔페 상에 차려진 음식을 한 번에 다 먹어치울 순 없지 않은가?

대단히 성공한 사람이 되지 않아도 행복할 수 있다는 진리를 아는 사람은 복 받은 사람이다. 왜 그럴까? 성공해야 한다는 압박감과 스트레스에서 해방된 삶을 살고 있기 때문이다. 그들은 그 여유를 통해 스스로를 돌아볼 수 있다. 자원 봉사를 해봤는가? 하루벌이 아르바이트는? 직장이 없는 젊은이들을 취직시켜주거나 사회가 등을 돌린 문제아들에게 실습 자리를 내줄 수 있는가? 세상에는 사람들의 무관심에 방치된 과제들이 널리고 널렸다. 그런데 왜 당신은 오직 성공 때문에 눈물을 머금고 있는가?

성찰의 여백

- 유명한 권력자 중에서 특별히 기억나는 인물이 있는가? 그 인물이 떠오른 이유는 무엇인가? (예술가는 제외한다.)
- 2주 동안 당신이 근무하고 있는 회사의 대표가 된다고 가정하자. 가장 먼저 하고 싶은 일 중 세 가지는 무엇인가? (물론 불법적인 일은 제외한다.)

4

내 이름 석자만 박힌
명함

돈이라는 요소를 완전히 배제하고 살자고? 그건 아니다! 세상에 '돈'이 없다고 생각해보자. 지루하기 짝이 없는 인생이 되지 않을까? 내가 커리어 우먼이 되겠다고 맘먹었던 젊은 시절, 내 미래에는 완전히 다른 새로운 삶이 나를 기다리고 있었다.

와인 잔에 포도주 한번 따라 마셔본 적도 없었던 나는 세계적으로 유명한 한 출판사의 홍보 책임자가 되면서 먹는 음식도 서서히 고급화되어갔다. 행사 때마다 회사 귀빈들을 위해 그들의 취향과 수준에 맞는 음식과 와인을 준비하는 것도 내 임무 가운데 하나였다. 아는 와인이라곤 고등학교 시절 우연히 맛본 크렘저 잔트그루베라는 싸구려 포도주밖에 없는 내가 일상 자체가 화려한 귀빈들을 위해 포도주를 고르게 될 줄이야. 바다가재와 달팽이 요리 먹는 법을 '배운다'는 것도 우습고, 굴 요리에는 샤블리 와인이 잘 어울린다는 것을 '외운다'는 것도 창피했다. 게다가 실수하지 않으려고 소믈리에나 남성 귀빈에게 사소한 것까지 직접 물어보는 일도 매번 자존심이 상했다. 어떤 사람들에게는 일상인 것들을 나는 하나하나 배우고 익혀야 했으니 말이다.

물론 직업 덕분에 고급 음식을 먹고 그에 알맞은 행동에 익숙해져가는 것도 재미난 일이다. 하지만 그렇다고 해서 자신의 수준을 잊는 오류를 범해서는 안 된다. 회사가 대신 지불했던 값비싼 와인 및 요리를 정년 후에도 직접 지불해가면서 즐기기엔 무리일 것이고 원래의 생활수준에 다시 적응한다는 것은 결코 쉬운 일이 아닐 것이다.

쉰 살이 되면 잠시 발걸음을 멈춰보는 것도 괜찮다. 회사가 지불해주는 화려한 호텔방이나 고급 레스토랑에 국한된 얘기가 아니다. 쉴 새 없이 사무실을 왔다 갔다 하는 바쁜 일상에서 잠시 벗어나보는 건 어떨까? 성공이 인생의 전부라고 생각하는 사람들은 이러한 생활이 영원하지 않다는 것을 쉽게 잊는다. 언젠간 비서가 날라주던 커피도 직접 타야 할 날이 올 것이다. 물론 전화도 직접 걸어야 할 것이다. 어디 그뿐인가. 수십 장이나 되는 서류도 직접 복사해야 하고, 소포도 손수 부쳐야 한다. 비행기 예약도 마찬가지다. 컴퓨터에 문제가 생겼다고 해서 동료에게 도움을 요청할 수도 없다.

꼭 대표나 간부가 아니라도 한 직장에 종속되어 있는 직원이라면 누구나, 어떻게든 회사 덕을 보게 마련이다. 회사 주차장, 회사 인터넷, 회사 전화 등 우리가 누리는 편리함이란 일일이 셀 수 없을 정도다. 게다가 회사 일을 통해 아는 사람들에게 개인적인 부탁까지 할 수 있으니 얼마나 편리한가.

쉰 살이 되면 우리가 그동안 얼마나 직장에 의존했는지 되돌아봐야 한다. 나는 30대 초반부터 연습한 덕분에 회사의 보호막 역할이 얼마나 큰지 일찍이 깨달았다. 그리고 참 많은 생각을 했다. 과거엔 유명한 회사 로고가 박힌 명함을 들이대며 쉽게 해결했던 일들을 막상 내 이름을 걸고 하려니 뜻대로 되지 않았다. 회사로부터 받은 특혜가 상당했음을 알게 된 시점이었다. 항상 같은 분야에서만 근무하다 보니 다른 분야 비즈니스에 대해서는 아는 게 거의 없었다. 회사를 통해 알게 된 좋은 사람들이 과연 진정한 친구인지 자문해보기도 했다. 50대 중반이 된 지금, 난 스스로 독립할 줄 알고, 환상을 버린 지도 오래다.

이제 그동안 삶을 편하게 해줬던 조건들을 포기하고 모든 것을 스스로 해결해야 하는 시간이 왔다. 당신의 스케줄을 스스로 관리해야 할 때가 온 것이다. 대신 계절의 변화를 구분할 수 있는 여유가 생겼으니 이 얼마나 다행인가!

쉰 살의 생일은 앞으로 모든 것을 스스로 할 수 있게끔 준비를 갖추고, 회사 명함이 아닌 오로지 자신의 이름 석 자만 박힌 명함으로 살아나갈 준비를 하는 날이다. 그렇다고 해서 시속 180킬로미터로 달리던 사람에게 하루아침에 정지하라는 이야기는 아니다. 수십 년간 살아온 습관을 버린다는 것은 결코 쉬운 일이 아니다. 앞을 똑바로 바라보고 세련된 감각으로, 퇴직하는 그날까지 천천히, 꾸준히 준비하라.

성찰의 여백

- 어릴 적 당신의 꿈은 무엇이었는가? 지금 그 일을 하고 있는가? 아니라면 그 이유는 무엇인가?
- 당신은 지금 막 쉰 살이 되었다. 생일을 맞이해 국경을 막론하고 어디서든지 창업할 수 있는 기회를 선물로 받았다. 어느 나라에서, 어떻게 시작하겠는가?

5

나를 위한 시간이
하루에 고작 두 시간?

당신도 주말의 달콤한 휴식을 반납하고 회사로 직행하는 사람 중 한 명인가? 그렇다면 당신과 함께 시간을 보내겠다며 주말만을 손꼽아 기다려왔던 가족들에게 변명하는 습관도 이젠 익숙해졌을 것이다.

당신은 업무 시간도 아닌 주말에, 휴식을 포기해가면서까지 출근하여 다른 동료들과 커피를 나누며 수다를 떨고 있다. 일요일마저 반납하고 어쩔 수 없이 근무해야 하는 당신은 수시로 '나는 기업의 무리한 노동 착취의 희생양'이라며 회사를 원망한다. 하지만 짐작컨대 회사의 무조건적 강요로 당신이 주말을 희생하는 것은 아닐 것이다. 혹시 가족에 대한 '주말의 의무'가 부담스러운 나머지 기꺼이 사무실로 달려가지는 않는가? 아니라면 당신은 진정 책상에 밀려 있는 업무 때문에 주말에도 반드시 일을 해야 하는가? 어쩌면 복사기 옆에 떨어진 구겨진 종이 속에 동료의 보너스 액수가 적혀 있을지도 모른다는 기대감이 당신을 사무실로 유혹하는 데 한몫했는지도 모른다. 이유야 어찌 됐든, 만약 당신이 주말에도 어김없이 사무실을 찾는 사람이라면 이쯤에서 스스로를 한번 돌아봐야 한다.

나는 좀처럼 휴가를 쓰지 않는다는 이유로 인사부장의 미움을 한 몸에 받고는 했다. 그의 날카로운 눈총에도 아랑곳하지 않고 나는 마땅히 누려야 할 휴식과 여유의 시간을 스스로 포기했다. 정말 그렇게까지 해야 했을까? 그 시절 나의 변명은 언제나 똑같았다.

"직원이 부족한 걸 어떡합니까."

그리고 쉰 살이 되어서야 나는 오랜만에 짧은 휴가를 즐길 수 있었다. 주어진 여유 시간을 희생하면서 살아온 내 삶을 처음으로 돌아보는 계기였다. 그러니 당신은 적어도 쉰 살이 되기 전에 일찌감치 고민해보는 건 어떤가? 자신에게 주어진, 마땅히 누려야 할 휴식 시간을 거부하는 진정한 이유가 무엇인지 골똘히 생각해보자. 자신이 누릴 수 있는 기회를 최대한 만끽해보라. 직장과 일을 핑계로 개인 생활을 무작정 희생하는 습관은 결코 좋은 습관이 아님을 명심하기 바란다.

현대인은 휴가를 통해 정신적인 휴식과 재충전에 들어간다. 하지만 당신은 그걸 알면서도 건강과 개인 생활보다 직장에 연연하고 있다. 다람쥐 쳇바퀴처럼 쉴 새 없이 돌아가는 바쁜 일상이 삶의 전부인 일중독 환자들에게 휴식은 고통의 시간일 뿐이다. 대개 일중독자들의 사생활 만족도는 낮은 편이다. 하지만 사생활이 불만족스럽다고 일에만 매달려봤자 문제는 결코 해결되지 않는다. 사무실로 달려가는 게 능사가 아니란 얘기다. 그럴 때 무엇보다 필요한 것은 여유 시간이다. 여유 시간이 충분하면 모든 것이 수월해진다. 당신이 외로운 싱글이라면 더더욱 사무실 책상에만 붙어 있어서는 안 된다. 대신 그 외로움을 달래줄 이성을 만날 수 있는 장소를 찾아가야 한다. 스포츠 경기장이나 미술관은 어떤가? 그게 귀찮다면 집에서 컴퓨터를 켜놓고 채팅이라도 하라. 사람들은 대개 특정한 일에 집중하지 않는 이도저도 아닌 어중간한 상태를 견디기 힘들어한다. 스스로를 사랑할 줄 모르기 때문이다. 내 경우엔 '일중독' 자체가 문제였다. 업무에 대한 지나친 책임감과 집착은 언제나 날 사무실로 이끌었다.

하루 중 당신 스스로를 위해 보내는 시간이 총 몇 시간이나 될 것 같은가? 짐작컨대 80% 이상이 여덟 시간을 넘지 않을 것이다. 그중 잠자는 여섯 시간을 빼면 총 두 시간이다! 이는 삶을 영위하기엔 턱없이 부족한 시간이다. 24시간 내내 직장과 일을 위해 모든 것을 포기해서는 절대 안 된다. 자식뻘 되는 아이들은 우리 세대를 보고 '제멋대로'라며 몸서리를 친다. 하지만 누가 그들을 그렇게 만들었는지 생각해보라. 그들과 얼굴을 마주할 시간이 없었던 건 바로 당신 스스로의 선택 때문 아니었는가?

고민 없이 습관 속에 스스로를 길들이지 말자. 당신의 소중한 시간을 이유 없이 회사에 저당 잡혀서야 되겠는가? 당신은 기업의 고용인 착취에 대항해 선배들이 투쟁해 얻어낸 소위 '충분한 휴가'를 스스로 거부하고 있는 셈이다. 이제는 스스로 자기 자신을 돌볼 때이다.

비록 지금 당장은 시작하지 못할지라도 서서히, 아주 천천히 액셀러레이터에서 발을 떼어보자. 내 인생의 주인이 되어보는 것이다. 자, 이제부터 당신은 자신의 인생에서 엄연한 주인이다. 절대로 회사에 그 자리를 내줘서는 안 된다.

직장 생활을 하면서도 당신의 인생과 일에 관련된 모든 계획을
스스로 결정할 수 있다면 무엇을 하겠는가?

⑥

버럭 화를 낸다고
달라지진 않아!

아드레날린이 목덜미 혈관을 타고 정수리까지 올라온다. 얼굴이 한순간에 벌겋게 달아오르는 그 기분을 모르는 사람은 없으리라. 제각각인 사람들이 모인, 제한된 비좁은 공간. 그 안에서 마찰이 일어나지 않는 게 도리어 이상하다.

만성 위산과다증에 날이 갈수록 얼굴엔 주름이 깊게 팬다. 만나는 사람마다 붙들고 불평불만을 늘어놓는 괴상한 습관도 생겼다. 난처한 상황에선 어색한 농담을 하는 여유까지 생겼다. 언제든지 사표를 내리라 맘먹어서인지 괜한 배짱이 생긴 것 같기도 하다.

어렸을 때 난 사색을 즐기고 말이 없는 조용한 아이였다. 그럼에도 언제 폭발할지 모르는 시한폭탄이라는 별명도 갖고 있었다. 사람들은 내가 백팔십도 변하는 데 단 1초도 걸리지 않는다고 말했다. 성질이 급해 모든 일이 신속하게 진행되지 않으면 참을 수가 없었다. 다행인지 불행인지 이런 성격은 '추진력 강하고 성실한 성품'으로 미화되기도 했다.

이런 성격의 소유자가 관리자로 있는 사무실 분위기는 아마 대강 짐작할 수 있을 것이다. 자신의 기분을 있는 그대로 표현한다는 것은 그리 어려운 일이 아니다. 반면에 자신의 기분과 행동을 적절히 조절하는 것은 참으로 힘든 일이다. 있는 그대로 표현하는 대신 감정을 어느 정도 조절하는 편이 더 좋다고 치자. 그렇다면 자기 안에 솟구치는 아드레날린은 어떻게 해결해야 할까?

어느 날이었다. 지칠 대로 지친 나는 간신히 사무실을 빠져나왔다. 내 성격상 지쳤다는 표현이 과장된 것 같기도 하다. 하여튼 내겐 너무나도 힘겨운 날이었다. 중요한 업무 때문이 아니었다. 어떻게 해도 해결되지 않는 일로 몹시 답답했다. 어쩔 수 없다는 것을 알기에 화가 났지만, 터질 것 같은 분노를 힘껏 억누르고 있었다. 나는 차를 주차장에 내버려둔 채, 20킬로미터나 되는 길을 걸어 집으로 돌아왔다. 눈이 녹아 질퍽질퍽한 길을 덜덜 떨면서 말이다.

나는 화가 나면 필요하지도 않은 물건들을 쓸데없이 사들이는 버릇이 있었다. 밤을 꼬박 새우며 줄곧 일만 할 때도 있다. 하지만 이런 습관이 문제 해결에 전혀 도움이 되지 않는다는 사실을 알게 된 건, 어느 정도 나이가 든 후였다. 나는 화가 나면 그 상황을 객관적으로 바라보려 노력했다. 그리고 화를 낸다는 것 자체가 얼마나 불필요한 일인지 깨닫게 되었다. 쉰 살이 넘어서야 내 기준을 남들에게 이해시키거나 강요할 수 없다는 것을 깨달았으니 참으로 늦은 감이 있다. 내가 정한 '완벽성의 기준'을 어찌 다른 사람에게도 똑같이 요구할 수 있겠는가? 나는 스스로 아무리 노력해도 안 되는 일들에 책임감을 느끼는 그 버릇도 버려야 한다는 것을 깨달았다.

'나 스스로는 변할 수 있지만 다른 사람은 절대 변화시킬 수 없다'라는 사실은 쉰 살이 되어서야 깨달은 소중한 교훈이다. 당신도 이 교훈의 의도를 정확히 이해한다면 일상이 완전히 달라질 것이다. 그렇다고 해서 무슨 일이든 '나와는 상관없다'는 태도로 살라는 것도, 그저 다 포기하라는 말도 아니다. 다만 모든 결과의 원인이 자신이라는 착각 대신 어떤 결과가 나오더라도 그것을 큰 기쁨으로 기꺼이 받아들이고자 노력하라는 것이다. 그 습관은 당신의 일상에 활기를 불어넣어줄 테니 말이다.

한번 생각해보자. 누군가가 출근 인사를 제대로 하지 않았다는 이유로 하루 종일 기분 나빠 할 필요가 있는지, 동료가 복사기를 사용한 뒤 용지를 치우지 않았다고 해서 화를 낼 필요가 있는지 말이다. 화가 나든, 그렇지 않든 어쨌거나 그 복사기를 사용하려면 당신이 복사 용지를 치울 수밖에 없지 않은가. 한편 당신이나 소속된 부서에서 더 나은 제안을 내놓았는데도 사장이 별 볼일 없는 선택을 했다고 가정해보자. 설령 그렇더라도 화를 낼 필요는 없다. 적어도 그건 사장 자신을 위한 선택이니 말이다.

이의를 제기하기 위해서는 물론 용기도 필요하다. 하지만 곧바로 화를 터트리기 전에 좀 더 태연하게 행동해보자. 이러한 성숙한 태도는 당신의 성공에 중요한 영향력을 발휘할 것이다. 인내심을 훈련하는 데는 부루마블 게임이 최고다. 혹시 모르니 집 안을 뒤져보라.

- 스스로 화를 참지 못해 일어났던 사건 중에 잊을 수 없는 사건이 있는가? 그 결과는 어땠는가? 만약 지금 다시 그런 상황이 발생한다면 어떻게 행동하겠는가?

- 어떤 결과가 발생할지는 상관없다. 직장이든 가정이든 전혀 개의치 말고 그동안 참았던 화를 터트려보자. 누구의 얼굴이 가장 먼저 떠오르는가? 그 이유는 무엇인가?

인간 만사
새옹지마

불편한 일은 피하는 게 상책이라고들 한다. 하지만 피한다고 해서 문제가 해결되지는 않는다. 물론 달라지는 것도 전혀 없다. 그러니 이제 그만 '피하는 게 상책이다'라는 근거 없는 믿음에서 벗어나야 하지 않을까?

40대 초반의 내 삶은 가벼운 바람에도 쉽게 무너질 듯한, 그야말로 종이로 만든 집 같았다. 언제 문 닫을지 모르는 내 회사, 망가진 결혼 생활, 그리고 결혼 생활보다 더 문제가 많았던 연애 문제까지. 아침에 눈떴을 때 눈앞에 보이는 것이라고는 엉망진창인 내 모습뿐이었다. 이쪽을 봐도, 저쪽을 봐도 문제투성이였다. 하루 종일 이를 악물고 뛰어다니다가 해가 지면 마지막 남은 힘으로 간신히 집으로 기어와 침대 위로 몸을 눕혔다. 그 힘겨웠던 시간은 다시는 기억하고 싶지 않을 만큼 끔찍했다. 그리고 그 당시의 기억은 지금의 내 성격에도 적잖은 영향을 끼쳤다.

나는 기분 전환을 위해 시를 집중적으로 읽기 시작했다. 책을 읽고 있노라면 책상에 가득 찬 서류가 주는 부담감을 잠시라도 잊을 수 있었다. 학창 시절에 좋아했던 작가들의 책을 찾아 다시 읽어보는 것도 기분 좋은 일이었다. 그리고 내가 운명적인 사랑을 할 수 있었던 것도 바로 책 덕분이었다는 사실을 다시금 깨달았다.

이렇게 눈과 귀를 즐겁게 해주는 방법으로 나는 내 삶으로부터 잠시 눈을 돌릴 수 있었다. 우편함마저도 열어보지 않을 정도로 난 세상에 무관심했다. 집달관이 200마르크짜리 영수증과 독촉장 사본을 들고 집 앞에 찾아왔을 때야 겨우 정신을 차릴 수 있었다. 돈을 지급하지 않았던 건 돈이 없어서가 아니라, 오랫동안 우편함을 열어보지 않았기 때문이었다.

내 인생을 조금이나마 위로하기 위해 떠났던 휴가에서 돌아왔을 때, 누가 보냈는지조차 확인하지 않은 우편물들은 세상의 흔적을 고스란히 담고 있었다. 이 우편물들을 모두 읽고 처리하는 데는 몇 주가 걸렸다. 나는 이 일을 계기로 새로운 사실을 깨달았다. 껄끄러운 일을 미뤄봤자 좋을 게 하나도 없다는 것을 말이다.

직장에서의 스트레스를 잠시 잊고, 머리를 지끈지끈하게 하는 일들은 제쳐놓고 내 삶을 한번 즐겨보고 싶었지만 집 앞에 서 있는 집달관(재판 결과의 집행 및 기타 사무를 맡아 보는 기관 또는 그 직원 — 옮긴이)의 모습은 커다란 충격이었다. 대신 그날 이후 나는 싫은 일을 먼저 처리하는 버릇이 생겼다.

할머니께서 자주 하시던 말씀이 있다.

"단 과일을 좋아하는 사람은 신 과일도 잘 먹는다."

이는 단 과일을 먹으면 신 과일도 거저 얻을 수 있다는 얘기가 아니라, 모든 일에는 언제나 동전의 양면처럼 두 가지 측면이 존재한다는 뜻이다. 친절한 고객이 있는가 하면 불편한 고객이 있고, 재미난 과제가 있는가 하면 어렵고 귀찮은 과제가 있다.

우린 항상 편하고 좋은 것을 선호한다. 하지만 세상살이에는 균형이라는 것이 있다. 어떤 일이든 좋고 나쁜 것이 공존하는 게 세상의 진리이다. 직장, 사생활, 인간관계에서도 이는 마찬가지이다.

누군가가 당신에게 "혹시 무슨 일 있는 거 아니야?"라고 묻는데 당신은 아무 일도 없다고 대답한다. 당신이 생각하기엔 아무 일도 없을 수 있다. 하지만 분명 뭔가 일이 있긴 있다. 질문하는 사람이 지나치게 예민해서 그런 것이 결코 아니다. 단지 당신이 고백하기가 두려운 것이다. 어쩌면 말로는 설명하기 어려운 복잡 미묘한 기분어서 괜히 서로 부담만 느끼고 말 것 같아 그럴 수도 있다.

직장에서 누군가 자신의 동료에게 "무슨 일 있지?"라고 묻는 경우는 어떨까? 이 말은 애매모호한 분위기를 만들어낸다. 정말 문제가 있을 경우, 원인 제공자는 상대방을 제대로 바라보지 못한다. 물론 행동도 어색해지고 경우에 따라 모욕감을 느낄 수도 있다. 이런 상황은 직장 내에서 불쾌한 분위기만 유발시킨다. 풀리지 않는 애매모호한 분위기는 시간이 어느 정도 지나면 결국 폭발하고 만다.

적어도 당신이 쉰 살쯤 되었다면 '인생이 날마다 봄날일 수는 없다'는 사실을 알았으면 한다. 성인의 삶은 문제투성이이고 중년의 나이가 되면 거부할 수 없는 문제들이 더 많이 발생한다. 즉, 문제를 덮어두기보다는 마음을 열고 대화할 줄 알아야 한다. 속 시원히 대화만 할 수 있다면 분위기는 얼마든지 전환될 수 있다. 그제야 우리는 시원하게 숨을 쉬고 호탕하게 웃을 수 있다. 마음을 열면 내면적으로는 물론, 외면적으로도 당당해질 수 있다. 이런 과정을 통해 우린 성장한다.

성찰의 여백

- 어릴 적 읽은 책의 등장인물 가운데 남녀를 막론하고 당신을 감동시킨 영웅이 있었는가? 당신의 모범이 되었던 그 사람은 누구였고 그 이유는 무엇인가?

- 당신이 다음 노벨 평화상 수상자를 직접 선택할 수 있다면 누구를 선정하겠는가?

명백하게
표현하라

“눈 감고 입 벌려볼래?”

“음, 맛있다.”

젊은 시절, 요리하는 걸 좋아했던 애인이 내 입에 넣어준 음식은 혀끝에서 사르르 녹아 스며드는 듯했다. 엄마도 매번 새로운 비스킷을 만들어 이렇게 우리의 눈을 감긴 뒤 입 속에 넣어주시고는 했다. 눈을 감고 상대방이 주는 음식을 받아먹는 일이란 결코 쉽지 않다. 무엇보다 상대방을 전적으로 신뢰해야 가능한 일이다. 신뢰하기 어려운 사람이 눈을 감고 입을 벌리라고 한다면, 어느 누가 순순히 따르겠는가. 신뢰란 거저 생기는 것이 아니며, 안전과 신빙성에 기초한다. 만나는 순간부터 차곡차곡 쌓아가야 하는 것이 신뢰다. 이는 상당히 오랜 시간이 걸리는 힘겨운 과정임에 틀림없다. 하지만 신뢰를 쌓는 데 소요되는 시간을 단축시키는 좋은 방법이 있다. 바로 명확한 언어를 사용하면서 솔직하게 대화를 나누는 것이다.

별것도 아닌 얘기라고 생각할지 모른다. 하지만 결코 별것도 아닌 얘기가 아니다. 신입 사원이 첫 출근을 했다고 가정해보자. 그는 자기소개를 할 때 자신의 이름만 밝힌다. 그동안 무엇을 하고 살았으며, 어디 출신인지는 인사부와 부서장만 알고 있다. 직원 정보는 절대 기밀이기 때문이다.

신입 사원이 쑥스러움을 많이 타 남들 앞에 나서지 않는 성격이라면 문제는 더 커진다. 출근한 지 며칠이 지나도 그에 대해 아는 사람이 없다. 호기심 많고 말하기 좋아하는 사람들은 확인되지도 않은 흥미진진한 소문들을 퍼트리기 시작한다. 이런 소문을 통해 선입관이 생기게 마련이고, 이로써 좋은 사람들과 만날 수 있는 기회가 차단되고 만다.

이는 비단 신입 사원들에게만 국한된 얘기가 아니다. 우리 회사에 전직한 새로운 상사는 자신이 어떤 사람인지 스스로 말한 적이 없다. 때문에 그에 관해 아는 사람은 아무도 없었고 결국 이상한 소문만 무성하게 나돌았다.

　우리는 정확성을 중시하는 시대에 살고 있으면서도 자신도 모르는 사이에 대중 미디어가 선호하는 애매모호한 표현에 익숙해지고 말았다. 그나마 예전에는 있는 그대로 표현하는 것이 일반적이었다. 하지만 요즘은 어떤 표현이 예의 바르게 들릴지, 어떻게 말해야 정확할지 모두가 심각하게 고심한다. '장애인'이라 부른다고 해서 그들을 무시하는 게 아닌데도 구태여 '장애우'라고 표현하는 이유는 무엇인가? '장애인'이라고 말하면 그들에 대한 관심이 없는 사람, 혹은 배려가 없는 사람으로 비칠까 봐 두려워서인가? 요즘은 직업소개소를 '직업 에이전트'라고 부른다. 에이전트라는 말로 직업소개소가 더 교양 있게 들린다고 생각하는 것이다. 하지만 겪어본 사람들은 모두 알겠지만, 직업소개소나 직업 에이전트나 직장을 찾는 사람들로 북적거리긴 마찬가지다. '직업소개소'라는 명백한 표현이 있는데도 굳이 직업 에이전트라고 포장해서 부를 필요가 있을까?

　이렇게 불분명한 표현은 전 세계적으로 유행하고 있다. 얼핏 보면 정확하게 표현하자는 노력처럼 여겨지지만, 정작 오해와 혼동만 불러일으키고 있다. 정말 말하고자 하는 것이 무엇인지 알 수가 없다. 명백한 이해를 위해서는 명백한 말과 표현이 뒷받침되어야 한다. 명백한 말은 다른 말과 헷갈리지 않는다. 대중미디어가 선호하는 불확실한 표현보다 우리의 솔직한 표현이 훨씬 더 명확하다는 것을 당신은 알고 있는가? 명백한 표현은 그 뜻을 정확히 전달하기 때문에 괜한 오해를 일으켜 타인에게 상처 주지 않는다. 또 명백한 말을 사용하면 예의 바르고 적절하게 표현할 수 있으며 괜한 말장난으로 상대를 속이는 일도 없다.

불분명하고 답답한 표현 속에는 자신의 책임을 회피하려는 의도가 깔려 있다. 절대 자신은 피해를 보지 않겠다는 욕심 말이다. 문제가 있다면 벙어리처럼 입을 다물고 있기보다는 마음을 열고 이야기를 나눌 줄 알아야 한다. 적어도 쉰 살이 되면 명백하고 확실한 언어를 사용할 수 있어야 한다. 이제 그럴 때가 된 것이다.

성찰의 여백

- 어떤 오해로 인해 창피할 정도로 바보 같은 행동을 했던 적이 있는가? 어떻게 그런 일이 생겼는지, 그리고 그 상황에서 어떻게 행동했는지 기억을 더듬어보자.
- 텔레비전에 등장하는 한 인물을 선택하고 그 사람에 대해 떠오르는 대로 말해보자.

9

배려, 당신을 빛나게 해줄
또 다른 얼굴

이 지구상에선 하루에도 수많은 크고 작은 결정들이 내려진다. 그리고 그 결정들은 각각의 결과를 낳는다. '나비의 가벼운 날갯짓이 태풍을 일으킬 수 있다'는 말을 알 것이다. 누군가에겐 아주 사소한 행동이 다른 사람들에겐 커다란 타격이 될 수 있다는 메시지가 담긴 말이다.

이런 일이 비일비재하게 일어난다는 것은 실로 안타까운 일이 아닐 수 없다. 예컨대 상사의 기분이 한 부하 직원의 행복한 가족 생활에 어떤 영향을 미칠지에 대해 생각해본 적 있는가?

어느 날 당신이 고등학교 졸업 시험에서 우수한 성적을 거둔 아들을 축하하기 위해 외식을 하자고 큰소리를 쳤다. 가족 모두

가 오랜만의 외식에 들떠 패밀리 레스토랑에서 당신을 기다리고 있다. 한편 당신이 분주히 퇴근 준비를 하고 있는데, 상사가 갑자기 회의를 소집한다. 이 회의에 관련된 서류가 상사의 책상 위에서 먼지를 뒤집어 쓴 채 방치된 지 몇 주 만에. '전혀 관심도 없더니, 왜 하필 오늘이야?' 싶은 생각에 당신은 허탈감을 감출 수가 없다.

또 다른 예. 2주간의 여름휴가를 내고 가족들과 함께 외국에서 휴가를 보내기 위해 호텔과 항공권을 예약했다. 그런데 이게 웬일인가. 상사가 꼭 참석하라고 지시했던 세미나 스케줄이 오늘에서야 통보되었다. 재수 없게도 날짜가 당신이 휴가를 낸 기간과 딱 맞아떨어진다. 이 기간에 휴가 일정을 잡은 사람은 당신뿐만이 아니건만 인사부장은 줄곧 나 몰라라 한다. 세미나에 참석하지 않으면 직장 따윈 관심 없는 사람으로 낙인찍힐 텐데 어떻게 해야 할까? 그렇다고 세미나에 참석하고 휴가를 포기하자니, 항공권 취소 수수료가 만만치 않다. 실망할 가족들의 얼굴도 떠오른다.

이런 상황에서 침착하게 대응할 사람이 과연 몇이나 되겠는가? 높은 직위에 있는 사람들은 회사일은 물론이고 직원들의 사생활도 돌볼 줄 알아야 한다. 직원들의 개인 사정을 나 몰라라 해서는 안 된다. 이 정도 나이면 직장 생활도 충분히 겪어봤을 터이니, 직원들에게는 이런 갑작스러운 결정이 큰 타격이 될 수 있다는 것쯤은 당연히 헤아릴 줄 알아야 한다는 것이다.

단순히 회사의 업무 스케줄을 잘 파악하는 것이 상사에게 주어진 역할의 전부는 아니다. 직원들을 일하는 기계쯤으로 생각하는 것이 아니라, 하나의 인격체로 존중하는 따뜻한 인간미도 필요하다. 성숙한 나이에 걸맞은 인간 됨됨이를 갖춰야 하는 것이다.

그렇다고 오해는 말라. 다른 사람의 권리를 존중해야 한다는 것을 정치적인 관점에서 얘기하려는 게 아니다. 사회계층과는 전혀 상관없는 이야기다. 우리는 어렸을 때 밥풀 하나도 소중하게 생각하고 버스에서는 노인에게 자리를 양보하라고 배웠다. 이제는 진정한 성인이 되기 위해 남을 배려한다는 것이 무엇인지만큼은 확실하게 배웠으면 한다. 높은 연봉과 일등석 티켓이 당신을 말해주는 것이 아니다. 인간으로서 어떻게 행동하는지가 당신이 어떤 사람인지를 말해준다.

요즈음 '행동 방식·행동 목표에 대한 가치'라는 주제로 많은 토론이 이루어지고 있다. 서로 배려하고 예의 바르게 행동하는 것이 당연하던 시대는 이미 지난 지 오래다. 지위를 불문하고, 출퇴근 인사를 주고받는 미덕을 찾아보기는 어려워진 것이다. 성숙한 인간이 되려면 아주 작은 것부터 실천해야 한다. 사소하지만 아름다운 행동은 여러 사람들을 즐겁게 해준다. 그 덕분에 업무 분위기와 업무 능력이 향상되니 어찌 일거양득이라고 하지 않을 수 있겠는가.

"좋은 아침입니다."

"점심 식사 맛있게 하세요!"

"좋은 저녁 되세요."

이런 인사를 즐겨 하는가? 만약 당신이 인사성 밝은 사람에 속한다면, 또 하나의 과제가 있다. 동료나 직원들이 아침에 어떤 기분으로 출근을 하는지, 어떤 기분으로 퇴근하는지 헤아리는 것이다. 직급은 상관없다. 그저 당신의 늘어가는 흰머리를 생각하라. 이젠 바야흐로 성숙해져야 할 때가 아닌가?

타인의 기분을 배려한다는 건 정말 기분 좋은 일이다. 자기 기분은 스스로 관리해야 한다는 이기적인 생각 대신 주변 사람들을 행복하게 해줄 생각에 집중하기 시작한다면 그것이 얼마나 뿌듯하고 근사한 일인지 실감하게 될 것이다.

성찰의 여백

- 당신의 결정이 누군가에게 큰 피해를 준다는 것을 알고도 감행한 적이 있는가? 아니면 어느 누군가의 결정이 다른 사람에게 큰 타격이 된다는 것을 알고 도 침묵한 적이 있는가? (물론 당신의 능력으로 그를 도울 수 있었다는 가정 하에서 말이다.) 그때의 상황을 떠올려보고, 이런 일이 다시 발생한다면 어떻게 대처 할 것인지 생각해보라.

- 한 상사가 회의 중 업무를 제대로 못했다며 부하 직원을 꾸짖는다. 그는 창피 하고 자존심이 상한 나머지 눈물을 흘린다. 당신은 동료로서 어떻게 행동하겠는가?

10

'진짜'
연륜을 쌓아라

우리 모두에겐 가수나 영화배우 등 연예인 사진만 보고도 가슴 설레던 어린 시절이 있었다. 굳이 잡지 〈브라보(Bravo, 독일의 유명 청소년 잡지 — 옮긴이)〉를 샀던 이유도 대형 스타 포스터가 부록으로 들어 있었기 때문이었다. 명성과 재력을 겸비한 스타들의 포스터에서는 마치 광채가 나는 듯했다. 벽에 붙은 그들의 포스터를 바라보기만 해도 가슴이 벅차올랐다.

동경의 대상은 비단 연예인뿐만이 아니었다. 우리 주위에는 존경스러운 선생님, 직장에서 만난 훌륭한 상사가 존재했으며 그들을 대하는 감정은 언제나 편안함과 존경심으로 가득했다. 우리는 그들을 통해 영감을 얻었고 나아가 앞날을 설계해나갈 수 있었다.

쉰 살쯤 되면 남들에게 존경을 받는다는 것이 그리 어려운 일은 아니다. 이는 남들에게 명령을 내릴 수 있는 위치에 있어서가 아니라 '연륜' 덕분이 아닐까? 우리 나이에 스타들처럼 젊은이들에게 감동을 주긴 어렵겠지만, 성숙한 행동으로 '존경' 정도는 받을 수 있지 않을까 싶다. 두려움의 대상이 아닌 편안한 사람, 타인에게 언제든지 도움을 줄 준비가 되어 있는 사람으로 거듭나보자. 인격과 인성은 남에게 빌려올 수 있는 게 아니라 스스로 쌓아 올리는 것이다.

쉰 살의 생일, 우리를 창조한 조물주가 오늘 우리에게 준 선물은 바로 성숙함과 풍부한 인생 경험이다. 다시 말해 당신에게는 자신의 입장을 정확하게 파악할 수 있는 능력과 올바른 결정을 할 수 있는 연륜이 있다. 그러므로 이젠 자신의 생각을 적절한 시간과 장소에서 표현할 줄 아는 성숙한 사람이 되어보는 것이 어떨까? 다 아는 이야기라고? 과연 그럴까? 당신은 정말 나이와 연륜에 맞게 행동하는 사람인가?

상사란 부하 직원이 최적의 상태에서 일할 수 있는 조건을 마련해주는 사람이다. 즉, 직원들이 서로 협력할 수 있는 환경을 만들어주고 언제나 직원들을 도와줄 준비가 되어 있어야 한다. 뿐만 아니라 직원의 개인적인 문제에도 도움을 줘야 한다.

당신이 한 직장의 상사라는 가정 하에, 당신이 꼭 갖추어야 할 행동 방식을 열거해보겠다.

첫째, 젊은 직원과 경쟁하려 들지 마라.

둘째, 자신이 특별한 사람임을 증명하기 위해 아무 데서나 나서지 마라.

셋째, 사내 소문을 주워듣기 위해 커피 자판기 앞에서 다른 동료들과 수다를 떨지 마라.

넷째, 젊은 직원보다 더 멋져 보이기 위해 과장되게 치장하지 마라.

다섯째, 흰머리가 는다고 해서 걱정하지 마라. 당신은 파도에도 무너지지 않는 절벽처럼 견고한 사람이다.

쉰 번째 생일, 우리는 이렇게 다시 한 번 강해진다. 어떤가, 강해진 자기 자신을 발견했는가? 그렇다면 당신은 쉰 살 생일을 축하받을 자격이 있는 사람이다.

- 어릴 적 좋아한 스타 가운데 최고의 영웅은 누구였는가? 그 스타에게 받은 감동에 대해서 설명해보자. 아울러 당시의 감정과 오늘날 그 스타에 대한 감정이 다르다면 어떤 차이가 있는지 생각해보자.

- 당신의 성격 중에서 다른 사람에게 칭찬받고 싶은 것이 있다면 어떤 부분인가? 세 가지만 꼽아보라.

11

'NO'가 우리 인생을
행복하게 해줄 수 있는 이유

내가 어렸을 때 부모님께 귀에 못이 박힐 정도로 들은 애기가 있다.

"음식을 먹기 전엔 항상 '고맙습니다'라고 말해야 한단다."

"부탁할 땐 반드시 공손한 표현을 사용해야 해."

부모님은 또한 어른이 말씀하실 때 주의 깊게 듣는 태도는 문명화된 세상과 조화롭게 살 수 있는 방법임을 강조하는 것도 잊지 않으셨다.

어른들을 통해 우리가 배운 예절이란 한마디로 '주변 분위기에 어긋나지 않게 행동하는 것'이었다. 그들에게 우리의 개인적 성향이나 취향은 그리 중요하지 않았다. 아직 어린 우리에게 우리 취향은 무시한 채 눈치만 보라는 건 지나친 요구였다. 예의 바른 사람이 되기 위해서는 결국 자신의 생각과 의지를 가장 먼저 포기해야 했으니 말이다.

이런 권위주의적 교육은 비권위적인 교육의 모순을 미리 예방하려는 것처럼 보이기도 했다. 우리 세대는 두 가지 부류로 나뉜다. 부모님의 권위적인 교육 탓에 스스로가 진정으로 원하는 것이 무엇인지 모르는 사람들과, 반대로 비권위적인 부모를 만나 제멋대로 자라난 사람들이다.

50년대의 교육은 '주관이 없는 아이들', 아니 더 구체적으로 말해서 '모범생'과 '반항아'를 동시에 만들어냈다. 모범생들이 고개를 설레설레 흔들고 있을 때, 반항아들은 용맹하게 사회를 비판하고, 시위에 참가했다. 하지만 주관이 뚜렷했던 그 반항아들은 오늘날 어떻게 살고 있을까? 놀랍게도 그들 역시 당시의 그 모범생 주변을 맴돌며 결국 세상과 타협하며 살아가고 있다. 이처럼 권위주의적 교육을 받은 사람이든 비권위주의적 교육을 받은 사람이든 솔직한 의사 표현을 하는 것은 똑같이 어려운 모양이다.

'싫다'는 말을 가장 어려워하는 사람은 다름 아닌 '여자들'이다. 세대를 막론하고 모든 여자들에게 거절하는 일은 무엇보다 어렵다. 게다가 여자는 사랑받기 위해 태어난 존재가 아닌가. 그런 여성에게 단호하게 거절한다는 것은 사랑받을 수 있는 기회를 스스로 저버리는 행동이나 다름없다. 어린 시절 어른의 요청을 단번에 거절했다 내가 받았던 따가운 눈총은 지금까지도 눈앞에 선하다. 물론 나 역시 '나쁜 사람'이 되는 건 소름 끼치도록 싫었다.

'네', '아니오'는 좋고 나쁜 말이 아니다. 그저 '왼쪽', '오른쪽'처럼 얼마든지 선택할 수 있는 말이다. 만약 딸아이가 손자를 봐달라고 부탁했다면? 대부분 별 생각 없이 "그래"라고 답할지 모른다. 하지만 오랫동안 못 만난 친구와 만나기로 이미 약속을 했는데도 딸아이의 부탁을 거절하지 못한다면 문제가 있는 사람이다.

당신은 어떤가? 강조하건대 딸의 부탁을 거절하기는커녕 친구와의 만남도 포기하지 못한다면 정말 문제다. 만약 친구를 만나는 약속이 아니라 다른 이유라면? 이를테면 한가로운 저녁 시간에 욕조에 몸을 담그려고 벼르고 있었다고 가정해보자. 그럼에도 딸의 부탁을 들어줘야 할지 목욕을 해야 할지 갈등하고 있다면, 이건 보통 심각한 문제가 아니다. 지끈지끈한 몸을 한 번씩 풀어주는 것도 우리 나이엔 무시할 수 없는 중요한 일이다. 당신은 혹시 동료 사이에서 친절하기로 유명하고 거절이라는 것을 모르는 사람은 아닌가? 그렇다면 당신은 '사랑받고자 하는 욕심'을 절대 포기하지 못하는 '자신감이 결여된 사람'임을 깨달아야 한다.

거절하는 것을 두려워하는 사람들 중에는 사랑이 결핍된 사람이 많다. 다른 누구도 아닌 바로 자신에게 사랑받지 못하는 불쌍한 존재이다. 자신이 원하는 것을 포기하면서까지 남의 욕구만 충족시켜주는 이유는 남들에게 이기적이라는 지탄을 받을까 봐 두렵기 때문임을 아는가? 이들에겐 자기 자신보다 남들이 자신에 대해 어떻게 생각하는지가 훨씬 더 중요하다.

당신은 오늘도 진심이 담기지 않은 "네, 알겠습니다"라는 말을 수없이 연발하고 있는가? 하지만 충분한 변명과 함께 "안 됩니다"라고 정중하게 거절하는 것이 당신 자신에겐 백배 천배 낫다. 원하지 않으면서도 동의하는 것은 결국 자신에게 부담과 상처만 남길 뿐이니 말이다. 거짓으로 응하고 있는 자신에 대한 비굴함, 그리고 거짓으로 응할 수밖에 없는 그 상황을 원망하게 될 것이다. 따라서 그들의 삶은 언제나 패배자인 자신에 대한 실망과 혼란스러움의 연속이다.

이제 당신은 쉰 살이 되었다. 이성적이면서도 예의 바르게 거절할 수 있는 나이가 된 것이다. 물론 쉬운 일은 아니다. 나는 남들이 나를 착한 사람이라고 생각하지 않는다는 사실을 너무나 잘 안다. 때문에 누군가 나를 착하다고 칭찬할 때마다 내 귀를 의심하곤 한다.

적절한 시기에 명백하게 "싫어!"라고 말하라. 이 말 한 마디로 당신의 인생은 훨씬 가뿐해질 것이다. 나아가 '진정한 친구'와 '껍데기뿐인 친구'를 구별할 수도 있게 된다. 이제라도 행복한 이기주의자가 되어보는 건 어떤가? 늦지 않았다. 지금이 바로 최적의 시간이다!

성찰의 여백

- 거절을 함으로써 그동안 경험해보지 못한 긍정적인 결과를 얻은 적이 있었는가? 만약 그 당시 거절하지 않았더라면 어떤 다른 결과를 불러왔을까?
- 당신에게 부정적인 면과 긍정적인 면을 두루 감안해 법률을 직접 만들 수 있는 권한이 있다고 가정해보자. 이때 결정의 기준을 무엇으로 삼을 것인가?

'그냥 아는 사람'과 '친구'를 구분하라

쉰 살이라는 나이에는 주변의 인간관계를 되돌아보고 적당히 정리해야 한다.

"와! 넌 친구들이 많아서 정말 좋겠다!"

우린 이런 이야기를 얼마나 자주 들었던가. 하지만 '친구가 많다'는 말에 혹해서는 안 될 것이다. 또 '많은 사람을 안다는 것'을 '친구가 많다는 것'으로 착각해서도 안 된다. '안다'라는 말에는 이미 커다란 오류가 내포되어 있기 때문이다. 과연 누가 누구를 정말이지 제대로 안다고 말할 수 있을까? 평생을 거쳐 누군가를 알아나간다는 것 자체도 무척 어려운데 누구를 정말 안다고 말할 수 있다는 것은 그야말로 무모한 믿음 아닌가. 인생의 동반자나 마찬가지인, 내 휴대폰 주소록에 저장된 사람들은 내가 '잘 아는 사람'이 아닌 40년 이상을 거쳐 '알아오고' 있는 사람들이다.

'같은 직장에 다니고 아이들이 같은 유치원이나 학교를 다닌다', '같은 요가 강습을 받고 있거나 같은 회계사 사무실을 다닌다', '같은 슈퍼에서 장을 본다' 등 이런저런 이유로 우리는 많은 사람들과 '아는 사람'이 된다. 또한 다음과 같은 방식으로 '아는 사람들' 간의 네트워크도 형성된다.

"아, 나 그 사람 잘 알아. 그 사람한테 부탁하면 아마 잘해줄 거야."

하지만 이렇게 알게 된 사람들과 '친구'가 되려면 상당한 운이 따라줘야 한다. 만약 아는 사람과 친구를 구별하지 못하면 굉장히 난처한 상황에 처하고 말 것이다. 갑작스러운 상황에 직면해서야 당신은 깜짝 놀랄지 모른다.

"그 인간 정말, 내 친구 맞아?"

명심하라! 쉰 살이 되면 인간관계를 다시 점검해봐야 한다!

우리가 즐겨 사용하는 '자유연애가'라는 표현을 한번 살펴보자. 우리는 지인이 많은, 소위 발이 넓은 사람들을 자유연애가라고 부르기도 하는데, 의도했든 아니든 이 표현은 성(性)과 관련된 부정적인 의미를 포함하고 있다는 것을 부인할 수 없다. 이처럼 우리는 일상 언어의 뉘앙스만으로도 진실을 구별할 줄 아는 특별한 능력이 있어 이 표현에 '도덕적인 결함'이 내포되어 있음을 잘 안다.

소비 지향주의 사회는 우리의 인간관계 속에서 많은 오해를 불러일으킨다. 우리는 아는 사람이 있기에 자동차를 살 때 할인을 받는다. 그리고 유명한 전문의에게도 바로 예약이 가능하다. 어디 그뿐인가. 자식의 일자리도 쉽게 부탁할 수 있고 비싼 물건도 싸게 살 수 있다. 요컨대 소비 지향주의 시대엔 욕심을 부려서라도 '친구'를 많이 만드는 것이 현명한 자세다.

'내가 널 위해 이것을 해줄 테니, 넌 나에게 그걸 해줘'라는 철저히 주고받는 시스템 속에 우리가 놀아나고 있는 건 아닐까? 남에게 무엇인가를 베풀면서 '거봐, 난 역시 멋지지?'라며 증명하려 들지 않는가? 이처럼 우리들이 맺고 있는 인간관계는 허영심으로 가득하다. 안타까운 일이지만 세상은 항상 그래왔고, 그래서 특별히 놀라울 것도 없다.

단, 여기서 주의해야 할 점이 있다. 그저 아는 사람일 뿐인데 친구로 생각하면 어색한 상황이 연출되기 쉽다는 것이다. 당신은 친구로 생각하지 않는 사람이 당신을 '친구'라고 표현한다고 해보자. 옆집 아주머니가 커피를 마시면서 자신의 결혼 생활에 대해 지나칠 정도로 상세히 얘기해준다면? 매일 마주치는 그 집 남편을 볼 때마다 민망하기 짝이 없을 것이다.

아마 당신은 자신의 기준에 맞게 친구라는 개념을 이해하고 있을 것이다. 우정이란 사랑을 기초로 한 아주 소중하고 특별한 감정이다. 그러므로 '나의 가장 소중한 친구'란 표현을 아무 때나 남발해선 안 된다. 친구에도 여러 등급이 있기 때문이다. 친구가 많다는 것을 자랑하기 전에 '진정한 친구'란 무엇인지 진지하게 고민해보자. 그저 아는 사람에겐 적당히 신경을 써줘도 상관없겠지만, 우정이 깊은 친구는 정성껏 보살펴야 한다.

친구라는 개념이 아직 명확하지 않다면, 자신의 감정에 조용히 귀 기울여보자.

성찰의 여백

- 학창 시절의 친구들을 기억해보자. 이름이 정확히 떠오르는가? 그리고 그 친구와의 우정이 다른 동급생과의 관계와 어떻게 달랐는지도 기억나는가?
- 당신은 맘에 들지 않은 몇 사람을 친구로 만들어야 한다. 그 사람을 친구로 만드는 데 성공한다면 커다란 보상을 받게 될 것이다. 어떤 사람을 선택하고 어떤식으로 우정을 맺겠는가?

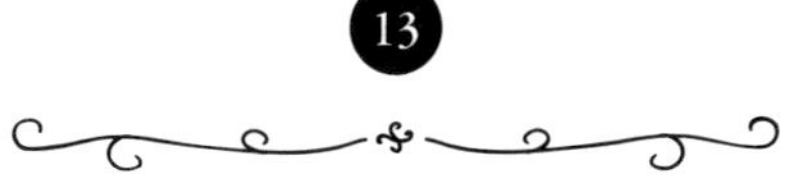

소중한 것들을
꼬집어내라

코끼리는 도자기 가게에 가지 않는다. (코끼리는 자신이 도자기 가게에 들어가면 도자기를 깰 수밖에 없다는 것을 알고 있다는 뜻으로, 미리미리 조심한다는 의미의 독일 속담 ― 옮긴이)

말에도 유행이라는 것이 있다. 현대사회에선 '조심', '주의'라는 말은 더 이상 유행어가 아닌 듯하다. 왜 그럴까? '조심'하거나 '주의'해야 할 일 자체가 드물어졌기 때문이다. 우리는 모든 것을 너무 쉽게 대체할 수 있는 세상에 살고 있다. 싸구려 겨자병이 깨져도, 아니 비싼 향수병이 깨져도 상관없다. 새로 사면 그만이니까.

하지만 백화점 세일 코너에서 어렵게 구한, 여배우가 입었을 법한 초록색 벨벳 옷에 포도주를 끼얹었었다고 하자. 안타깝지만 이런 특별한 옷은 다른 옷으로 대체하기 어렵다. 저마다 특별한 감동이 담겨 있기 때문이다.

　나 역시 소장한 물건 중 특히 아끼는 것이 있다. 공개하기 전에 먼저 이 자리를 빌려 용서를 구하고 싶다. 이유인즉 우연히 카페에 갔다가 살짝 집어온 물건이기 때문이다. 리스본에 갔을 때 '카페 브라질레이라Cafe Brasileira'에서 커피 잔을 가져왔는데, 이 잔을 볼 때마다 매번 환상적인 도시인 리스본이 떠오른다. 이 잔에는 내 온몸에 쏟아지던 포르투갈의 강렬한 태양과 코끝에 맴도는 리스본만의 특별한 향기가 담겨 있다. 나는 이 찻잔을 위해 수납장에 특별한 자리까지 마련했다. 때때로 그 찻잔이 제자리에 놓여 있지 않으면 난 식기세척기부터 들여다본다. (좋아하는 물건일수록 박물관의 전시물처럼 간직하기보단 자주 사용하자는 것이 내 삶의 모토이다.)

　나이를 먹어갈수록 이렇게 주변의 물건들에 의미를 두고 즐기는 일이 많아지는 것 같다. 세상에는 대체 불가능한 물건, 재연 불가능한 순간들이 있다. 우리에게 이 물건과 순간들은 보물보다 더 소중하다. 일흔 살 생일에 가족과 친구들을 모아놓고 연회를 연다고 상상해보라. 그들 앞에서 아마 한마디쯤 할 기회가 올 것이다. 그때 당신은 지나간 시간을 잠시 되돌아보며 소중하고 행복했던 순간을 떠올리고, 그 순간이 얼마나 소중한지 잊고 살아왔음을 깨달으리라.

이제라도 주변을 둘러보고 무엇이 소중한 것인지 깨닫고, 그것을 소중히 간직해야 한다. 아름다운 추억이 깃든 소장품은 친구와의 우정이나, 짧았지만 소중했던 사람들과의 인연을 다시금 생각할 수 있게 해준다. 또한 그런 물건은 특별히 관리해야 할 필요가 있다. 너저분한 것들과 마구 섞어놓은 채 그 가치를 퇴색시켜서는 안 된다. 그렇다고 집에 소형 박물관을 만들거나 제단을 쌓으라는 것이 아니다. 이젠 양과 질을 구별할 줄 아는 나이이니 선택은 당신의 몫으로 남기겠다.

스푼과 나이프가 보관되어 있는 서랍을 열어보자. 그동안 참으로 많은 종류의 갖가지 식사 용구가 쌓였을 것이다. 서로 짝도 맞지 않을 테고, 뒤범벅이 되어 있을 게 뻔하다. 언젠가 나는 고모에게서 은으로 된 식기 세트를 선물로 받은 적이 있다. 공단으로 덮인 식기 보관 상자엔 은으로 된 스푼, 포크, 나이프가 가득히 들어 있었다. 나는 고민했다. 고모가 그랬듯이 은 스푼과 나이프를 특별한 날에만 꺼내 써야 할지 말이다. 그러나 난 과감한 결정을 내렸다. 싱크대 서랍의 잡스러운 식사 용구를 전부 내다버리기로. 대신 그 자리를 고급 은수저로 채우고, 음식을 먹을 때마다

고모를 생각했다.

'조심', '주의'라는 말의 의미는 결코 편협하지 않다. 오히려 그 반대다. 영국의 귀족들이 왜 집사를 뒀겠는가? 자신이 소장한 귀중한 물건들을 직접 관리하기가 너무 벅찼기 때문일 것이다. 우리야 집사를 고용할 형편은 못되어도 혼자서 얼마든지 관리할 수 있지 않은가? 드디어 이제, 그동안 먼지에 쌓여 있던 너저분한 것들로부터 자유로워질 때가 왔다. 바야흐로 우리에게 소중한 의미를 부여하는 물건에 특별한 자리에 내줘야 할 때가 온 것이다. 적어도 쉰 살이 되면 '질(質)'에 대해 고민해봐야 하지 않을까? 오래된 것이라고 무조건 낡고 하찮은 게 아니다. 가치란 물건 자체에뿐만 아니라 대상을 바라보는 시각과 말, 행동에도 담겨 있다는 것을 잊지 않았으면 한다.

- 어렸을 때 다른 것으로 대체할 수 없는 소중한 물건을 망가뜨렸던 적이 있는가? 그 물건은 무엇이었으며 느낌은 어땠는지 당시 상황을 생각해보자.

- 누군가 당신에게 일반인은 상상조차 못할 정도로 비싸고 아름다운 ‘오리지널’ 중국 도자기를 선물하려고 한다. 만약 당신이 원한다면 ‘복제품’을 받을 수도 있다. 단, 어떤 걸 선택하든 그 선물을 받고 나면 절대 다른 사람에게 팔아서는 안 된다는 조건이 붙는다. 원품과 복제품 중 하나를 선택하라면 무엇을 선택 하겠는가? 참고로 복제품은 질적인 면에서 원품과 거의 흡사하다.

취향과
관용

'아하 효과Ah-Ha effect'에 대해 들어봤는지 모르겠다. 익숙한 대상에 관심을 갖게 되는 현상을 가리킨 이 말은 심리학자, 아니 광고 카피라이터가 만들었음직한 말이다. 익숙한 대상에 이끌린다는 것은, 반대로 말하면 낯설고 익숙하지 않은 현상이나 대상에 두려움을 느낀다는 일반적인 인식과도 일맥상통한다. 한편 '관용'이란 낯설고 익숙하지 않은 현상을 있는 그대로 받아들인다는 뜻이다. 하지만 이 표현은 상당히 자주 사람들의 입에 오르내리는 반면, 행하는 사람을 찾아보긴 힘들다. 그렇다면 관용이란 무엇일까?

쉰 살, 그동안 무의식적으로 흡수한 선입관도 무시할 수 없는 나이이다. 우리는 낯설고 익숙하지 않은 현상에 관용을 베푸는 일이 뭐 어렵겠냐며 너무 쉽게 말한다. 하지만 이 나이가 되면 상황이 좀 달라진다.

'남녀평등'을 예로 들어보자. 여성 운동가들은 그동안 여성 권위를 신장시키기 위해 온갖 고생을 감수했다. 기업에서 활동하고 있는 여성들이 얼마나 있는지 살펴보자. 여전히 남성들이 지배하고 있다. 여성 권위를 신장시키겠다는 기업들은 강제적인 규정까지 동원해 남녀 비율을 동등하게 맞추고 있다. 같은 자격의 지원자가 있을 때, 합격의 행운이 여성에게 돌아가는 경우를 심심찮게 볼 수 있지 않은가? 그러나 남성 입장에서 바라보자. 과연 이런 규정이 평등한 것일까?

또 한 가지 예를 들어보자. 요즈음 독일에서는 담배를 피우지 않는 사람들을 보호하려는 정책 수립 활동이 활발하다. 바이에른 주만 하더라도 식당이나 술집에서 이미 금연을 법으로 규정했다. 때문에 애연가들은 술집이며 식당에서 담배를 피울 수 없게 되었다. 애연가들 입장에서 한번 생각해보자. 힘겨운 하루를 마무리하고, 바에 앉아 위스키 한 잔에 꺼내 피우는 담배 한 개비. 담배 연기를 내뿜으면 왠지 모든 스트레스가 날아가는 것 같은 황홀감에 젖는다……. 얼마나 많은 사람들이 비애연가에겐 곤욕스러운

이 담배로 하루하루를 위로받으며 살고 있는가. 어쩌면 애연가들의 숫자가 비애연가보다 더 많을지도 모른다. 애연가들 입장에서는 자신들의 기호를 용인해주지 않는 사회가 매정할 뿐이다. 그들은 오늘도 비애연가들을 위해 술집 문 앞에서 비바람을 맞고 추위에 떨며 간신히 담배를 물고 있다.

애연가를 위한 술집, 비애연가를 위한 술집이 따로 있다면 얼마나 좋을까? 자유롭게 선택해서 찾아갈 수 있게 말이다. 종업원들도 마찬가지로, 흡연 여부에 따라 일자리를 찾으면 되니 일석이조 아니겠는가. (담배 한 개비 피우자고 손님들과 주인 몰래 바깥에서 덜덜 떨고 있는 종업원들을 보고 있노라면 불쌍하기 짝이 없다.)

정치인들은 이처럼 미성숙한 정책을 내세우며 국민의 표를 얻기 위해 발버둥을 친다. 다음엔 또 어떤 이상한 정책을 제안하며 국민을 유혹할지 궁금하다. 부상이 잦은 스키선수나 테니스 선수들은 앞으로 보험 혜택을 받지 못하게 될 것이며, 그다음 차례는 아마 비만인들이 될 것이다. 그리고 언젠가는 취미 생활을 하다가 발이 부러지거나 인대가 늘어난 사람조차도 건강보험 혜택을 받지 못하게 만들고 말 것이다. 정치인들은 국민의 세금으로 봉급을 받는 사람들이 해야 할 일이 무엇인지도 망각하고 있다. 우리는 앞으로 그들 때문에 운동도 자유롭게 즐기지 못할 것이다.

정치적인 토론을 하려는 게 아니다. 우리 사회에서 '관용'이라는 말이 제대로 사용되지 못한다는 사실을 알리고 싶을 뿐이다. 이제 우리는 성숙한 나이에 도달했으니, 관용의 진정한 의미를 정확히 이해해야 한다. 단순히 자신의 입장만을 고집하는 이기적인 정의 대신, 제대로 이해를 해야 한다는 뜻이다. 나는 담배를 피우지 않는 사람, 술을 반대하는 사람, 스포츠를 혐오하는 사람, 채식주의자 할 것 없이 모든 사람들을 존경한다. 흔하지 않은 종교를 가진 사람도 자신의 종교나 문화를 내게 강요하지 않는 한, 또한 내 사생활에 영향을 주지 않는 한 그들의 종교를 관용으로 존중할 수 있다.

헌법에서도 인간의 존엄성은 어느 누구도 함부로 할 수 없다고 하지 않았는가. 자유란 타인의 삶을 위협하지 않는 범위 내에서 자신의 행동을 결정하는 것을 말한다. '관용'도 사랑이다. 관용을 베풀기 위해서는 먼저 상대방과 입장을 바꿔 생각할 줄 알아야 한다. 조심스럽게 주변을 둘러보자. 특정한 공약을 내세워 당신을 자기편으로 유혹하려는 정치인들이 있음을 알게 될 것이다. 그들은 대중을 향해 자신들의 정책이 공익을 위한 것이라고 말한다. 하지만 그들의 진심은 전혀 다를 수도 있다. 그들에게 정책은 권력 싸움의 도구에 불과하므로 결코 그것에 현혹되어서는 안 된다. 이제는 우리 스스로를 지켜야 할 때다. 지금 시작해도 늦다. 이제 우리 자신의 목소리를 낼 때가 온 것이다.

성찰의 여백

- 배우자나 주변 사람의 어떤 성격이 당신의 화를 돋우는가? 그리고 당신은 그것에 어떻게 반응하고 있는가?
- 당신에게 모든 것을 금지할 수 있는 권한이 있다고 가정했을 때 당신이 가장 금지시키고 싶은 것은 무엇인지, 우선순위별로 다섯 가지만 써보라. 그리고 그것을 금지하는 이유가 정말로 타당하며 절대적인 이유인지 생각해보라.

플라스틱 사랑에서
벗어나라

친구들과 오랜만에 뮌헨의 유명한 쇼핑가인 뮌히너 플라니어마일레Munchner Flaniermeile의 한 노천카페에서 커피를 마시고 있었다. 새로 산 물건으로 가득 찬 쇼핑백을 들고 시내를 오가는 사람들을 보며 한 친구가 이렇게 말했다.

"플라스틱 사랑."

나는 다른 친구들과 그녀의 표현에 배를 잡고 웃고 말았다. 바로 우리 옆자리에도 쇼핑백을 겹겹이 들고 있는 사람이 한둘이 아니었고 우리 역시 그들 못지않았기 때문이다. 나는 몸에 맞는 사이즈를 구하기 힘든 까닭에 본의 아니게 절약하는 사람이다. 그래도 내가 원한다면야 돈을 쓰는 게 뭐 그리 어려운 일이겠는

가. 쉰 살이 되어서 깨달은 게 하나 있다. 바로 쇼핑 중독은 애정 결핍과도 관계가 있다는 사실이다.

하루 종일 사무실에 앉아 있다 보면 정신적인 한계가 찾아오게 마련이다. 아마 직장 생활을 해본 사람이라면 무슨 이야긴지 바로 알 것이다. 그 한계에 도달하면 이런 저런 생각들이 몰려온다. 얼마 전에 본 재킷, 바지, 신발, 스웨터 등이 눈앞에 어른어른한다. 나는 대략 오후 네다섯 시쯤에 한계를 느낀다. 그러면 가방을 급히 싸서 옷가게들이 모여 있는 쇼핑 거리로 달려가곤 한다.

부티크 문을 열면 광채가 나는 듯 환한 얼굴의 판매원이 인사를 건네며 다가온다. 나를 이렇게 반갑게 맞아주는 사람이 또 있을까? 바로 끓인 향긋한 차와 비스킷은 마치 오랫동안 나를 기다린 듯하다. 게다가 내 맘에 쏙 드는 멋진 옷들까지. 갑자기 아드레날린이 급격히 분비되는 느낌이다. 마치 봄에 느끼는 황홀감이라고 할까? 맘에 드는 블라우스를 입어본다. 그러면 그 블라우스에 잘 어울릴 만한 바지가 눈에 들어온다. 그리고 처음 보는 예쁜 티셔츠까지! 오늘 안 사면 두고두고 후회할 것만 같다.

계산기가 돌아간다. 왠지 손이 떨린다. 맘에 드는 물건을 구매한다는 사실이 뿌듯하지만 너무 비싼 건 아닌지 긴장되는 순간이다. 배를 손으로 한 번 쓱 문지른다. 작별 인사를 하며 옷걸이 사이를 뚫고 걸어 나온다. 앗, 옷걸이 한가운데 내가 그토록 애타게 찾던 가죽 재킷이 떡하니 걸려 있다! 가죽 재킷이 내게 말을 걸어온다.

"제발 저를 데려가주세요."

옷 가게를 나서는 순간, 쇼핑백에 가득 담긴 황홀함이 순식간에 사라져버릴 것 같아 두렵기도 하다. 하지만 생각보다 오래 지속된다. 집으로 가면서 내내 쇼핑백을 여는 순간을 상상할 때는 물론이고 새로 산 옷을 입고 출근하면 동료들이 뭐라고 할지 상상해보며 심장은 콩콩 뛴다. 가격표와 보조 단추가 들어 있는 투명 플라스틱 봉지를 떼면서도, 그리고 장롱에 옷을 조심스럽게 걸면서도 뿌듯하기 그지없다. 어려운 협상이 마침내 성공적으로 마무리됐을 때처럼 말이다. 하지만 그 기쁨이 그렇게 오래가지 않는다는 게 문제다. 신용카드 고지서가 날아오는 순간 금세 다시 우울해지고 마니까.

사생활과 직장 생활 모두 '몰두' 그리고 '탐닉'과 연관이 있다는 사실을 아는가? 물론 그 사실을 알기 위해 굳이 쉰 살이 되기까지 기다려야 할 필요는 없다. 몰두나 탐닉은 결국 사랑, 정열과 통한다. 그래서 남자들은 기꺼이 일중독자가 되는가 보다. 매번 성과를 이룰 때마다 느끼는 그 황홀감을 누리기 위해. 바로 그것 때문에 우리는 힘들고 고단해도 일에서 손을 떼지 못한다. 그 황홀감이 없으면 삶의 의미도 느끼지 못하기 때문에 쉬지 않고 일하는 것이다. 잠시라도 쉴라치면 그들은 심각할 정도로 우울해진다.

현명한 사람은 행복 호르몬을 제대로 관리할 줄 안다. 그들은 자신이 직접 만든 케이크를 맛보면서, 일찍이 크리스마스카드를 보내고 돌아오면서 행복을 느낀다. 한편 내면이 성숙해질수록 스스로의 유혹에 빠지지 않는다. 나이가 들면 '진짜'와 '대체물'을 구별할 줄 알기 때문에 더 이상 플라스틱 사랑에도 빠지지 않는 것이다. 그것을 깨달은 후에 쇼핑을 가보자. 예전보다 쇼핑이 더 달콤하고 행복하리라.

성찰의 여백

- 어렸을 때 칭찬과 함께 받은 선물이 있는가? 그중 어떤 선물이 가장 맘에 들었는가? (뇌물이어도 상관없다.)
- 어느 누군가가 당신에게 비밀을 털어놓았다고 하자. 그 비밀이 노출되면 당사자에게 매우 치명적이다. 그런데 또 다른 누군가 당신에게 다가와 그 비밀을 캐내려고 한다면? 얼마를 준다면 마음이 흔들릴 것 같은가?

16

자기 자신과 함께라면 절대 혼자가 아니다

사랑하는 사람, 사랑에 대한 동경, 그리고 우정. 바로 이런 것들이 살아가면서 우리를 가장 슬프게 만드는 것이 아닐까? 쉰 살이 되어서도 여전히 싱글이라면 아마 더할 것이다. 어쨌거나 이쯤에서 위 세 가지에 대해 다시 한 번 깊이 생각해보자.

당신은 혹시 나이가 들어 초라해질까 봐 두려워하고 있는가? 다른 건 몰라도 더 이상 서른 살과 경쟁할 나이는 아니라는 사실쯤은 모두 알고 있을 것이다. 나이가 든다고 당신의 존재 가치가 퇴색되는 건 아니다. 플라톤의 저서 《향연》을 알 것이다. 《향연》 속의 인간은 두 인간이 합체한 모습이었으며 두 개의 얼굴, 네 개의 팔, 네 개의 다리를 가지고 있었다. 그들은 강하고, 용맹스러웠다. 또한 그들은 독단으로 신들에게 도전했고, 신들은 패배한 인간들에게 벌로서 몸을 둘로 나누는 형벌을 내렸다. 이렇게 반쪽이 된 우리는 나머지 반쪽을 찾아 나서게 된 것이다.

하지만 현실은 이 고대 그리스신화와는 좀 다르다. 반쪽을 찾아 나서기보다는 여자나 남자 모두 혼자서도 설 줄 아는 능력을 길러야 한다. 독립적이지 못한 사람은 당연히 배우자나 애인에게 더 많은 것을 요구하게 된다. 때문에 그들은 당신을 위해 부모님을 대신할 수 있는 성숙한 사람이 되어주는 것은 물론 친구도 되어주어야 한다. 이뿐만이 아니다. 무슨 이야기든지 나눌 수 있을 만큼 신뢰감 있는 사람, 그리고 더러는 즐거움을 주는 코미디언도 되어주어야 한다. 하지만 이렇게 많은 것을 요구하다 보면 결국 주고받는 것에 균형이 깨지고, 그렇게 되면 관계는 무너질 수밖에 없다. 어떻게 상대방의 모든 요구를 충족시켜줄 수 있겠는가? 상대가 필요해서 그를 사랑하는 것과 상대를 사랑하기에 그를 필요로 하는 건 분명 다르다는 사실 또한 인지해야 한다.

대부분의 사람은 '혼자 있는 것'을 '고독한 것'으로 잘못 이해한다. 쉰 살이나 되어서 '혼자 있는 것'을 고독으로 착각해선 안 된다. 누구에게 버림받은 적이 있는 사람, 혹은 남을 버려본 경험이 있는 사람은 이별의 고통과 아픔이 뭔지 잘 안다. 이 고통은 누군가를 잃었다는 상실감, 외로움, 버림받았다는 상처, 양심의 가책과 자책감 등 참으로 많은 감정이 복합되어 있다. 따라서 이별을 받아들이는 과정에서, 혼자 감정을 정리하는 시간을 갖는 건 굉장히 중요하다.

이때 주위에 사람이 없는 것은 맞지만 결코 홀로 있는 건 아니다. 당신 곁에는 책도 있고 그림도 있다. 힘이 들 땐 음악을 듣고 예술을 감상하는 것도 큰 위로가 된다. 예술 작품도 인간이 만든 것이며, 위대한 작품일수록 삶의 고통과 아픔을 아는 예술가가 창작하지 않았겠는가. 쉰 살이 되어 꼭 알아야 할 게 또 있다. 친구나 애인은 성급하게 찾아 나설 대상이 아니라는 것. 진심으로 누군가를 만나고자 한다면 앞을 직시하고, 가슴을 활짝 열어야 한다. 이 조건만 갖추면, 직접 나서지 않아도 상대방이 찾아오게 되어 있다. 이 얼마나 놀라운 법칙인가!

20년간의 결혼 생활을 뒤로 하고 내가 되찾은 사색의 시간. 나는 내 영혼의 아픔을 다시 되돌아보고 깊은 사색에 빠졌다. 그리고 어느 순간 혼자이고 싶다는 극단적인 결론에 도달했다. 홀로 서고 싶었고, 자유를 만끽하고 싶었다. 나는 내 결정에 따라 즐기고 행동하고 포기하는 것이 좋았다. 아울러 오랫동안 스스로 이런 삶을 원했었다는 것을 깨달았다.

　그즈음 나는 처음으로 '포기'한다는 쉽지 않은 결정을 내렸고, 동시에 내 생애에서 가장 위대한 결정을 하게 되었다. 그리고 그 시기에 바로 꿈속에서나 그리던 남성을 만났다. 너무나도 갑작스럽게 생긴 일이었다. 사실 그는 항상 내 주변에, 변함없이 한자리에 있었다. 다만 내가 그를 발견하지 못했을 뿐이었다. 상처를 추스르는 데 정신이 없었고, 그래서 늘 나를 지그시 바라보고 있던 그를 발견하지 못했던 것이다.

　남녀를 불문하고, 이성을 찾는다는 것은 나이와는 별개의 문제다. 억지로 어떻게 해보려고 하는 대신, 그저 자연스럽게 흘러가도록 내버려두자. 나머지 반쪽을 찾는 가장 중요한 방법은 당신이 그 누구보다도 자신을 아끼고 사랑하는 것이다. 사랑은 사랑을 유혹하는 법이기에 스스로를 진정으로 사랑하는 사람은 절대 홀로 남지 않는다.

- 첫 번째 키스를 떠올려보자. 첫 키스의 상대는 누구였고, 장소는 어디였나? 그리고 그 사랑은 어떻게 끝이 났는가?

- 당신의 이상형을 당신이 원하는 대로 조합해서 만들 수 있다면, 어떤 외모에 어떤 성격의 소유자로 만들고 싶은가? (단, 조건이 있다. 상대를 어떻게 바꾸든 나중에는 전혀 개선할 수 없다는 것, 그리고 그와 함께 평생을 살아야 한다는 것.)

나를 위한
섹스

섹스도 많이 할수록 실력이 는다. 섹스를 많이 해본 사람은 무엇보다 자신의 몸을 부끄러워하지 않고 상대방을 신뢰한다. 또한 초보자들처럼 상대방을 만족시켜야 한다는 부담도 없거니와 섹스 자체에만 집중하며 충분히 즐길 수 있다. 오랜 시간을 함께해 온 커플 사이에서는 "정말 괜찮았어?"라는 질문 따윈 필요 없다. 더욱이 쉰 살이라면 말이다.

우리는 수많은 영화와 책을 통해 사랑과 섹스에 대해 접해왔다. 그럼에도 여전히 사랑과 섹스를 구별하지 못하는 사람이 있을지도 모른다. 어떤 사람은 섹스를 많이 하는 것이 사랑을 많이 받는 것이라고 착각하기도 한다. 이처럼 성에 대해 잘못된 인식을 가진 사람들은 생각보다 많다. 신체적인 매력이 사랑받기 위한 전제 조건이라고 생각한다면 큰 오산이다. 그와 침대에 들기 위해 와인이나 향수, 촛불을 살 필요는 없다. 스무 살이 아닌 이상 이런 낭만은 우리와 좀 거리가 있지 않는가? 샴페인과 촛불이 욕망을 충족시키기 위한 노력인지, 아니면 자포자기로 인한 최후의 발악인지 헷갈리기까지 하니 말이다.

남편의 사랑을 받지 못한 중년의 여인이 검은 속옷을 입고, 남편을 유혹하려 했다는 농담을 들어봤는지 모르겠다. 나름대로 섹시하게 차려입고 남편을 유혹하려 했지만 실상 돌아오는 건 남편의 무미건조한 한마디.

"언제 이렇게 늙었어?"

무조건 침대로 유혹하는 것만이 능사라고 생각하다니, 참 딱도 하다.

고급 수준에 속하는 나만의 '사랑과 섹스 비결'을 소개해보겠다. 사람을 만나고 돌아왔거나 영화를 보고나서, 또는 텔레비전 토크쇼를 보고 나서 파트너와 이야기를 나눠보자. 생각과 의견이 다른 두 사람 사이에 뜨거운 토론이 벌어진다. 사람들은 섹스가 두 사람의 완벽한 조화라고 하지만 나는 생각이 좀 다르다. 생각이 다른 두 사람이 서로의 의견을 주고받을 때 느끼는 긴장감이란 섹스 못지않게 뜨겁다는 사실을 당신은 혹시 알고 있는가?

남녀 관계에서 주의해야 할 점을 알아보자. 일단 너무 속속들이 아는 것은 금물이다. 서로에 대해 많이 알면 알수록 긴장감이 떨어지기 때문이다. 현명한 커플이라면 "누구랑 전화한 거야?"라는 질문을 하지 않는다. 상대방에게 도착한 편지를 훔쳐보지도 않으며 왜 이렇게 늦었냐고 꼬치꼬치 캐묻지도 않는다. 지나친 관심과 호기심은 상대방을 지치게 한다. 당연히 섹스를 위해서도 하등 도움이 안 된다. 서로를 존중하는 관계라면 꼬치꼬치 캐물어야 할 만큼 두 사람 사이에 많은 비밀이 존재하지 않는다는 것도 알아야 한다. (물론 그렇게 캐묻는다고 해서 흥미로운 사실을 알아낼 수 있는 것도 아니다.)

정비소에 맡긴 차를 내일 새벽에 가지러 가는 일이라든지, 세금 신고용 영수증을 보내고 온다든지, 오는 길에 길이 막혔다든지 등의 자질구레한 일들을 당신이 굳이 알아야 할 이유는 무엇인가? 글쎄, 두 사람 사이에 정말 할 이야기가 없다면 이런 얘기도 흥미로울지 모르겠다. 하지만 쉰 살이 되었다면 이제 이런 유치한 행동은 그만두자. 자신이 원해서거나 어쩔 수 없는 이유로 홀로 된 외로운 사람이라면 이런 행동은 더더욱 삼가야 한다.

같이 잘 사람이 없어서, 그래서 욕구 불만이라면 신문 구애 광고를 보고 전화를 해라. 젊은 시절의 서툴렀던 관계를 떠올려도 좋다. 부끄러워할 필요는 없다. 다른 사람을 만날 때까지 과도기에 외로움을 해결하는 방법이 있다면 충분히 즐겨라.

젊은이들이 터득하기엔 어려운, 한 단계 성숙한 섹스 방법이 있다. 그건 서로의 생각을 교환하는 두뇌를 통한 섹스다. 내가 말하는 '두뇌 섹스'란 육체적인 섹스와는 전혀 다른 것으로, 논쟁을 통한 톡톡 튀는 '의견 교환'을 뜻한다. 다시 말해 밀고 당기기식 대화! 이런 정신적인 섹스는 마법에라도 걸린 듯한 황홀감을 선사한다. 이 기분을 아직 경험해보지 못했는가? 그렇다면 기뻐하라, 곧 그날이 오리니…….

성찰의 여백

- 지금까지 살아오면서 몇 명과 잠을 자봤는지 기억해보자. (현재 함께하고 있는 이성은 제외한다.) 가장 아름다웠던 순간은 언제였는가?
- '이틀에 한 번씩 의무적으로 하는 그저 그런 지루한 섹스'와 '8주에 한 번씩 즐기는 황홀한 섹스' 중 무엇을 택하겠는가? (물론 섹스 파트너는 당신이 직접 고를 수 있다.)

예의를 차려라,
우아하게!

쉰 살이라면 이제 구애하거나, 구애를 기대하는 시기는 지났다. 오래된 흑백영화를 보면서 눈물을 흘리고 사랑을 노래하는 가요를 따라 부를 시기도 이미 오래전에 지났다. 이 나이에 백마 탄 기사를 유혹하겠다고 길거리에 손수건을 일부러 흘릴 사람도 없으리라. 설령 그렇게 하더라도 그 손수건을 주우려고 몸을 굽힐 남자도 없겠지만 말이다.

우리 여자들은 남자가 자동차 문을 열어주길 더 이상 기대하지 않는다. 기대를 해봤자 결국 남는 건 실망뿐이니까. 누군가 여자를 위해 우아하게 자동차 문을 열어준다고 하자. 아마 사람들은 이 행동에 고개만 갸우뚱하리라. 이 얼마나 안타까운 일인가.

당신은 이제 쉰 살이 되었다. 우아한 여성이 되어볼 생각은 없는가?

나는 어렸을 때 버스에 오른 노인을 바라보며 고민한 적이 있다. 양보를 해야 하나, 말아야 하나. 결국 나는 그때 자리를 내주고는 나이 든 사람들은 참 편하게 산다고 생각했다. 하지만, 나이를 먹고 생각해보니 그 생각이 얼마나 건방진 것이었는지 새삼 후회가 되었다. 우린 앞으로 나이를 먹는다는 것을 뼈저리게 실감할 것이다. 우리는 '노인에게 자리를 양보하라'는 어머니의 잔소리 없이도 그들에게 자리를 양보할 수 있을 만큼 성숙해졌다. 뒤에 따라오는 사람은 생각하지도 않은 채 문을 쾅 닫아버리는 대신, 그를 위해 문을 조심스레 잡아주는 여유도 생겼다. 이렇게 우리는 나이를 먹으면서 젊은 시절엔 그토록 귀찮게 여겼던 '타인에 대한 배려'가 무엇인지 알게 되었다.

배려는 박애주의와도 관계가 깊다. 당신의 도움을 거부하는 사람이 있다면, 그 상대방의 의견을 기꺼이 존중해주자. 거절을 수용할 줄 아는 것도 진정한 배려임을 기억하라. 현명한 사람일수록 상대방이 진정 원하는 것이 무엇인지 구별할 수 있는 세심한 감각을 갖추고 있다. 우리는 그동안 '배려의 진공상태'에서 살아왔다. 사람 사는 세상이 왜 이리 각박해졌는지는 아무도 모른다.

자본주의, 세계화, 합리화 때문이 아니다. 그보다는 사람들의 활동 속도가 빨라짐에 따라 일상적 예절과 배려 자체가 군더더기가 되어버린 게 아닐까?

자주 들르는 상점이나 레스토랑에 들어가면 점원이나 종업원이 따뜻하게 반겨준다. 얼마나 행복한가. 신용카드를 들고 오는 단순한 손님이 아니라 아는 사람으로서 환영받는 그 느낌, 왠지 모르게 가슴까지 따뜻해진다. 단골 상점과 단골 레스토랑을 찾는 것도 이런 편안함 덕분이다. 낯선 상점에 들어가보자. 인사는커녕 차가운 눈빛으로 의심스럽게 쳐다보는 점원들에 진절머리가 나는 건 아마 나뿐만이 아닐 것이다.

이번엔 입장을 한번 바꿔보자. 혹시 당신은 음식을 가져오는 종업원을 우습게 보지는 않는가? 어쩌면 마치 자신이 왕이라도 되는 듯 종업원들을 노예처럼 부리고 있는지도 모른다. 노예나 하인을 부리고 살던 시절은 이미 오래전에 지났건만, 자신이 더 나은 계층이라는 듯 행동하는 사람들은 반성해야 한다. 우리가 점원이나 종업원보다 더 나을 이유가 도대체 무엇인가? 그들을 무시하는 그 자만은 도대체 어디서 생겨난 것일까?

오늘날은 그나마 예의범절이 예전처럼 중시되지 않는다. 길에서 소시지를 먹는다고 욕하는 사람도 없고 포크와 칼을 거꾸로

쥐었다고 해서 뭐라 할 사람도 없다. 이 얼마나 편리한가. 단, 때와 장소에 알맞게 양보할 줄 아는 센스, 식당 종업원을 겸손하게 대하는 센스 등은 절대 잊지 말았으면 한다. 쉰 살이 되면서 이런 사소한 것에 좀 더 세심하게 신경 쓰기 시작한다면 당신의 삶은 더욱 활기차고 상쾌해지리라.

성찰의 여백

- 어렸을 때 주변에서 가장 예의가 발랐던 사람은 누구였는가? 그리고 가장 무례한 사람은 누구였는가? 상대방의 마음을 따뜻하게 해줄 수 있는 말 중에 기억나는 말은 무엇인가?
- 영국 여왕과 함께하는 자리에 초대를 받았다고 가정해보자. 대신 왕궁 격식에 알맞은 예의범절을 익혀야 할 의무가 있다. 당신은 예의범절 교육을 누구에게 부탁하고 싶은가? 아니면 당신은 누군가를 위해 무릎을 꿇는다는 것 자체가 혐오스러운가?

유머를
공부하라

유머를 간단하고 명백하게 정의하라면 나는 이렇게 정의하고 싶다.

'웃지 못하는 사정이 있어도 웃게 만드는 것.'

유머란 힘든 일상 속에서 잠시나마 스트레스를 덜어준다. 마치 고된 인생을 견디게 해주는 마술과도 같다. 하지만 어떤 상황에서 어떤 농담에 웃느냐는 각자 취향에 따라 다르다. 그래도 웃을 수 있다는 그 자체만으로 잠시 고된 일상을 잊을 수 있으니 이 얼마나 복된 일인가. '불쌍한 사람'은 삶 속에 '흥겨운 노래'가 존재한다는 사실을 모른다. 또한 호탕하게 웃는 것이 무엇인지도 모른다. 이 얼마나 안타까운 일인가.

의기양양했던 젊은 시절, 터져 나오는 웃음을 억제하느라 눈물을 찔끔거린 적이 있었을 것이다. 더러는 웃어야 하는 상황인지 정확하게 구분하기조차 어려웠을 테고, 웃음이 터지려는 순간 웃었다가는 큰일 날 상황임을 알아차리는 바람에 숨을 제대로 쉬지 못해 껙껙대기도 했을 것이다. 만약 세상에 유머가 없다면 어떨까? 우리네 삶은 척박하기 그지없을 것이다.

문화적 배경과 자신의 생각을 반영하는 지적인 농담을 할 수 있는 능력, 그리고 그런 농담에 웃을 수 있는 재치는 결코 쉽게 배울 수 있는 기술이 아니다. 그런 면에서 유대인이나 영국인이 구사하는 유머는 충분히 존경할 만하다. 이들은 남에 대한 악의적인 농담을 즐기는 사람들과는 달리 자기 자신을 조롱하는 겸손한 유머 문화를 갖고 있다.

눈물이 날 정도의 강력한 웃음은 단순히 눈물샘만 자극하는 게 아니라 우리 신체의 모든 기관을 긍정적으로 자극해준다. 20년 전만 해도 그렇게 우리를 화나게 했던 사건들을 돌이켜볼 때 갑자기 그 일이 재미나고 우습게 느껴지는 건 비단 나뿐만이 아닐 것이다. 나이를 먹으면 모든 사건들로부터 약간의 거리를 둘 수 있고, 객관적으로 관찰할 수 있는 능력이 생긴다. 그래서 인생은 나이를 먹을수록 더 흥미진진해진다!

사람마다 성격이 다르듯이 유머에도 여러 가지 형태가 있다. 남을 조롱하는 의미의 농담이 있는가 하면, (이런 경우 사람들은 자신이 조롱 대상이 될까 염려한다.) 모든 것을 과장함으로써 비웃을 대상을 억지로 창조해내는 아이러니한 농담도 있다. 또한 유명인을 웃음거리 대상으로 만드는 패러디라는 게 있는데, 이 경우 대중은 자기 자신이 조롱 대상이 아니기에 그나마 다행스럽게 여기고는 한다.

또한 순수 코미디가 있다. 〈카사블랑카〉의 릭 험프리 보가트 Rick Humphrey Borgart를 기억하는가? 그의 대사는 마치 농담처럼 들리지만 그 안에는 조롱의 메시지가 담겨 있다. 하지만 농담의 의도를 찾기란 만만치 않다. 짧은 농담 속엔 많은 시간과 세월이 함축되어 있기 때문이다. 자연히 유머란 이해하기 어려우며, 온전히 이해하려면 남다른 재치가 필요하다.

지금 당장 남을 웃길 수 있는 재능을 기르라는 것이 아니다. 다만, 남들의 유머를 이해할 수 있는 재치가 중요하다는 얘기를 하고 싶을 뿐이다. 그리고 인간은 모름지기 즐길 줄 알아야 한다. 즐기자는 것이 바로 유머의 목적 아니던가.

유머는 사랑과도 연관된다. 삶에 대한 사랑, 나약함과 강함을 모두 지닌 사람에 대한 사랑, 그리고 스스로에 대한 사랑까지. 자신에 대해 잘 웃지 않는 사람들은 대부분 스스로에게 지나치게 엄격하다. 그들은 살아가면서 기쁨도 별로 느끼지 못한다. 움베르토 에코의 소설 《장미의 이름》에서, 많은 수도사들이 아리스토텔레스의 희극(웃음)에 관한 내용이 담긴 《시학》 제2권을 읽었다는 이유로 하나 둘씩 죽어나갔다. 하지만 신은 유머와 무관한 존재가 아니다.

신이 '재미'라는 것을 이해하지 못한다고 생각하는가? 《돈 카밀로와 페포네》를 떠올려보자. 신은 노했다. 그럼에도 돈 카밀로보다 기분이 더 좋은 쪽은 신이었다. 유머가 없는 존재는 하늘에 있는 신이 아닌, 바로 땅에 살고 있는 사람들이다. 신이 유머를 이해하고 웃을 수 있었던 이유는 무엇일까? 짐작컨대 신은 인간들이 서로 어울릴 수 있도록 고리 역할을 하는 것이 바로 유머라는 사실을 알고 있었을 것이다. 쉰 살은 거의 모든 것을 아는 나이다. 그만큼 더 많이 웃을 수 있고 더 자주 웃을 수 있으리라.

- 처음으로 연극이나 뮤지컬을 구경했던 때를 기억해보자. 그 공연 속의 우울한 인물과 우스운 인물을 떠올려보라. 둘 중 어떤 인물이 더 맘에 들었었나? 아직까지도 그 마음에는 변함이 없는가? 그렇다면 이유는 무엇인가?

- 누군가 당신에게 정치적인 시각에서 볼 때 논리에 맞는 아주 기발한 농담을 했다고 하자. 당신은 그 농담을 듣고 웃을 것인가? 아니면 그것도 농담이냐며 고개를 절레절레 흔들겠는가?

삶은
평생교육이다

"나는 내가 무지하다는 것을 안다."

그리스의 대철학자인 소크라테스는 이 말을 통해 인간의 지식에 대한 목마름과 호기심을 표현하고자 했다. '모르면서 알고 있다고 착각하는 사람들보다 자신이 더 많은 것을 알고 있다'는 메시지를 전하고자 한 것이 진정한 목적은 아니었을까?

학창 시절 마음에 들지 않는 선생님 때문에 학습 의욕도, 흥미도 잃어버린 사람들이 꽤 있을 터이다. 이처럼 어린 시절에 학습에 대한 의욕을 잃은 사람이 배움의 기쁨을 다시 터득하고 지식에 대한 호기심을 재발견하기란 결코 쉽지 않다. 하지만 직장에서 이루어지는 세미나나 추가 교육을 통해 낡은 지적 호기심이 다시 자극받기도 하니 그나마 다행스러운 일이다.

언젠가부터 '평생교육'이라는 말이 유행하고 있다. 삶 자체도 사실 평생교육이다. 최신 휴대폰을 구입했다고 하자. 그 수많은 기능을 하루에 다 터득하기는 무리다. 그렇다면 전문적인 건축용 소프트웨어나 그래픽 소프트웨어 사용법을 익히는 데는 도대체 며칠이나 걸릴까? 하루가 멀다 하고 시시각각 바뀌는 최첨단 시대에 사는 우리, 불편함을 조금이라도 줄이려면 계속해서 배우는 수밖에 달리 도리가 없다.

내 친구들도 나와 마찬가지로 취미 생활조차 즐길 여유 없이 숨 가쁘게 살아왔다. 그러다가 50대가 되면서 삶을 새로운 방식으로 살아보고 싶은 욕망을 느낀 듯하다. 이 욕망은 그동안 느껴보지 못한 어떤 특별한 열정 같은 것이었다.

새로운 시각을 얻는 과정을 살펴보자. 누군가 회사에서 카니발 행사를 하면 어떻겠냐고 제안한다. A는 인터넷에서 카니발 의상을 찾기 위해 검색 사이트에 들어갔다가 마침 그 사이트에 뜬 어느 화가의 그림을 보게 되는데, 그 그림이 그렇게 마음에 들 수가 없다. 그는 곧바로 그 화가의 그림 경매에 참여한다. 관심을 갖는 사람들이 몰려들면서 갑작스럽게 경매가가 치솟는다. 이쯤 되면 얼마나 많은 사람들이 비슷한 관심을 가지고 있는지 새삼 놀라게 된다. 기다리고 기다리던 그림이 도착한다. 볼수록 더 마음에 드는 그림이다. 그렇게 자연스럽게 작가에 대해 더 많은 정보를 찾게 되고, 다른 작품에도 관심을 갖는다. 나아가 예술성으로까지 관심이 확장되면서 현대 예술 전반으로 흥미를 키운다. 많은 사람들은 이렇게 우연한 방식으로 그 분야의 전문가가 되기도 한다.

직장이며 경력이며 살아오면서 어느 정도 자신이 원하는 바를 성취했다면, 남들에게 어느 정도 인정받는 삶을 살아왔다면 더러는 새로운 자극이 필요하다. 난데없이 정신적 욕구가 샘솟을지도 모른다. 나는 어느 날 갑자기, 젊은 시절엔 거들떠도 안 보던 고전이 읽고 싶어졌다. 책을 읽는 것이 얼마나 즐거운지 예전엔 미처 몰랐다. 하지만 지금은 왜 그렇게 많은 사람들이 고전을 읽고 감명을 받았는지 조금이나마 알 것 같다. 나이가 들면 이렇게 색다른 호기심으로 책을 펼쳐들게 된다. 좋은 책을 하나 발견하면 그 책과 관련된 다른 문헌을 찾아보는 재미도 쏠쏠하다. 주제가 유난히 매력적이라면 누가 시키지 않아도 기꺼이 참고 문헌까지 일일이 구입하게 된다.

당신이 문학, 음악, 영화 그리고 미술 등에 두루두루 관심을 가지고 있다면 당신의 인생은 지루할 새가 없을 것이다. 지속되는 행복감이 무엇인지 아는 사람이니까 말이다. 흥미롭게도 나이가 들면 예전엔 전혀 관심 없던 새로운 주제들, 예컨대 정치와 역사의 관련성에도 관심을 갖게 된다. 또한 그런 관심은 세계 전반에 대한 관심으로 확장되기도 한다. 이렇게 우리의 삶은 더욱 풍부해진다. 나아가 이러한 관심을 통해 삶의 의미를 찾기도 한다. 삶은 더 이상 지루하지 않다. 흥미와 긴장감으로 가득 차며, 이로써 삶에 대한 욕구도 더 강해지기 때문이다.

옛날 사람들보다 현대인이 더 오래 사는 이유가 뭔지 생각해보자. 비단 현대 의학 때문만은 아닐 것이다. 육체적인 노동이 줄어서도 아니다. 진짜 이유는 인간의 정신적 활동이 보다 왕성해졌기 때문이다. 세상에는 알아야 할 것과 탐구해야 할 것들이 무척이나 많다. 세상의 모든 지식을 '소비'하기 위해서는 천 년을 살아도 부족할 정도다.

우리의 건강은 젊은이들에 비해 절대 떨어지지 않는다. 또한 새로운 지식에 대한 호기심을 찾아 나서기엔 결코 늦은 나이가 아니다. 세상은 지식으로 만들어진 기적과도 같다. 다시 말해 우리가 살아가는 이 세상은 우리의 미래를 더욱 흥미진진하게 해줄 무한한 지식으로 가득 차 있다. 이 기적들을 직접 체험해보는 것은 어떨까?

• 어렸을 때 처음으로 읽었던 책이나 가장 감명받았던 책을 떠올려보자. 내용까지 기억하고 있다면 생각나는 대로 한번 적어보라.

• 영화나 책 속으로 들어가 살 수 있다고 상상해보라. 당신은 어떤 책을, 어떤 영화를 선택하겠는가?

21

운동하라,
과하지도 부족하지도 않게

아인슈타인 박사와 영화배우 출신의 캘리포니아 주지사 슈워제네거의 외모를 떠올려보라. 어떤가? 흥미롭지 않은가? 빼빼 마른 아인슈타인과 근육질의 단단한 몸매를 소유한 슈워제네거를 비교해본다는 것 자체가 말이다.

쉰 살이 된 사람들에게 건강은 빼놓을 수 없는 주제이다. 어떤 사람들은 운동을 삶의 목적으로 여기는 듯도 하다. 건강을 위해 의학적, 인공적인 방법까지 동원하고 있으니 더러는 그 관심이 너무 지나친 건 아닌가 싶다. 반면, 자신의 건강에 아무런 관심이 없는 사람들도 있다.

필요 이상으로 운동에 집착하는 운동 중독자이든, 건강에 전혀 관심이 없는 사람이든 쉰 살이 되면 모두 자신의 운동 습관을 다시 한 번 점검해봐야 한다. 운동 중독자들이여, 이제 그만 '뉴욕 마라톤 대회'에 참여하는 것은 무리라는 걸 인정하는 게 어떨까? 사람들은 간혹 운동을 성취를 위한 도구로 생각한다. 그래서 운동을 대체할 만한 다른 것을 발견하기 전까지는, 자신의 체력이 예전만 못하다는 사실을 결코 인정하지 않는 것이다.

건강에 최소한의 관심도 보이지 않는 사람들도 역시 문제다. 자칫 심각한 결과를 부를 수도 있기 때문이다. 이를테면 안과 질환은 신체적 활동이 부족할 경우 생긴다고 한다. 이런 일반적인 건강 상식을 당신은 알고 있는지 모르겠다. 만약 자신의 혈액순환 상태를 제대로 알지 못하고, 정기적으로 검진을 받고 있지 않다면 문제가 크다.

개인적으로 유치원이나 학교에서도 식품과 건강에 대한 교육을 강화했으면 하는 바람이다. 그리고 의대생들은 치료법을 익히는 것도 물론 중요하지만 예방학이나 심리학도 많이 익혔으면 한다.

건강한 신체, 건강한 정신이 트렌드로 떠오르고 있다. 덕분에 정신 신체 의학도 인기를 얻고 있으며, '건강'은 거대한 성장 가능성을 지닌 비즈니스 상품으로 자리매김했다. 텔레비전만 켜봐도 약품을 비롯해, 웰빙 상품이나 다이어트 제품 광고가 넘쳐난다는 사실을 알 수 있다. 한편 이런 광고를 자주 접하는 사람은 건강을 유지하는 데 이런 제품이 필수라고 쉽게 착각한다. 비타민정 몇 알이 무슨 만병통치약이라도 되는 양 홍보하는 과장 광고 때문이다.

건강에 대한 사람들의 집착과 관심은 의료 개혁의 필요성을 자극하기도 한다. 그리고 이로 인해 건강의 중요성이 크게 부각되는 한편 도덕적 문제가 발생하기도 한다.

쉰 살이 되면 매일 병원 대기실에 앉아 시간을 보내게 될 것이라고 생각하는가? 장담컨대 그건 지나친 걱정이다. 하지만 당신의 건강과 정신 상태를 스스로 돌보지 않는다면 머지않아 그런 끔찍한 상황이 올 수도 있음을 잊지 말자. 몸은 마음의 거울이라고 했다. 마음의 상태가 건강을 좌지우지한다는 뜻이다. 진정 건강하기를 원하는가? 그렇다면 심리 상태와 건강의 연관성을 가능한 한 빨리 깨닫도록 하자.

만약 당신이 책 읽기를 좋아한다면 그걸 포기하면서까지 운동하는 게 귀찮을 수 있다. 그렇다면 책 대신 다른 매체를 활용해보자. 오디오북은 어떨까? 파일을 MP3에 담아 책 내용을 들으면서 뛰자. 해결되지 않는 문제로 머리가 지끈지끈 아프다면 그 즉

시 컴퓨터를 끄고 바깥으로 나가라. 그리고 산을 오르거나 강변을 뛰어라. 생각보다 어렵지 않다. 마음만 먹으면 모든 것이 가능하다. 고민은 잠시 뒤로 하고 일단 달려 나가자. 깊게 숨을 들이쉬었다가 내쉬어보자. 허파와 근육의 움직임이 느껴지리라. 시작한다는 것, 습관을 바꾼다는 것은 물론 어렵다. 하지만 우리 모두는 잘 알고 있다. 불가능이란 건 없다는 사실을 말이다.

인간은 신체와 정신으로 이루어져 있다. 이를 명심하길 바란다. 당신은 당신의 습관을 바꿀 준비가 되어 있어야 한다. 습관의 변화를 통해 당신의 남은 인생은 에너지로 충만해질 것이다.

성찰의 여백

- 초등학교에 입학해 최초로 경험했던 체육 시간을 기억하는가? 기구를 사용하는 운동 중에서 어떤 종목이 좋았고 어떤 종목이 싫었나? 학급에서 당신이 가장 잘했던 종목이 있었다면 무엇이었는가? 또 가장 혐오했던 운동은 무엇인가?
- 당신이 꿈에 그리던 집 한 채를 선물로 받는다고 상상해보자. 완벽한 테니스장이 갖춰진 집과 환상적인 서재(도서관)가 마련된 집 중 무엇을 선택하겠는가?

22

지금 당신의 모습은
당신이 먹은 음식의 결과이다

특이한 현상에는 다 그만한 이유가 있게 마련이다. 오늘날 요리사들이 팝스타 못지않게 인기를 누리는 이유는 무분별한 음식 문화 때문이 아닌가 싶다. 서점에만 가봐도 요리 책들이 즐비하고 텔레비전에서도 요리 프로그램이 쉬지 않고 방영될 만큼 요리는 현대인의 대단한 관심거리 중의 하나다.

그러나 정작 자신이 먹는 식품이 건강에 어떤 영향을 미치는지 아는 사람은 과연 얼마나 될까? 당신은 당신이 얼마나 많은 칼로리를 섭취하고 소비하는지, 그리고 당신이 먹는 음식이 신체적 그리고 정신적으로 어떤 영향을 미치는지 생각해본 적이 있는가? 음식과 관련한 말도 안 되는 믿음이 세상에 난무하는 탓에 많은 혼란이 빚어진다는 사실을 알고 있는가?

의학 교육을 받은 사람이 다음과 같이 말한다면 당신은 그 말을 믿을 것인가 말 것인가?

"오렌지나 귤은 몸을 차갑게 하기 때문에 특히 한겨울에는 안 먹는 것이 좋습니다. 안 그랬다간 감기 걸리기 십상입니다."

나물이 싫다는 아이들에게 시금치를 먹이기 위해 어른들은 흔히 이렇게 말한다.

"시금치에는 철분이 풍부해서 많이 먹으면 뽀빠이처럼 튼튼해진단다."

하지만 실제 시금치 철분 함유량은 알려진 것만큼 그리 높지 않다고 한다. (철분 함유량과는 상관없이 신선한 채소를 골고루, 적당히 먹으면 몸에 이롭다는 것만큼은 사실이지만 말이다.)

우유는 많은 사람들에게 각광받는 건강식품이다. 커피를 먹을 때도 우유를 충분히 섞어 마시는 게 좋고 나이가 들어서도 꾸준히 마셔주는 것이 건강에 유익하다고들 한다. 여기서 궁금증 하나! 그런데 왜 송아지는 다 성장하고 나면 더 이상 우유를 마시지 않는 걸까? 논리에 맞지 않는다. 우린 너무 모르는 게 아닌가? 과일 맛 나는 유제품이 실제로는 화학적으로 향을 첨가하여 만들어졌다는 이야기를 듣고 소스라치게 놀란 적이 있다. 그 일을 계기

로 과일향이 첨가된 요구르트는 일절 먹지 않겠다는 결심까지 했
었다.

예전에 배양액으로 재배한 네덜란드산 토마토가 독일에 수입
돼 커다란 파장을 일으켰다. 비록 짧은 시간 안에 금세 잊히고 말
았지만 당시엔 가히 충격적인 이슈였다. 물론 토마토가 이상하다
면 안 사면 그만이다. 하지만 이런 토마토가 여전히 유통되고 있
는지 아닌지를 확인할 방법이 없다는 게 문제다. 요즘 구매자들
은 제품이 어디서, 어떻게 만들어졌는지 궁금해하지 않는다. 그
저 저렴한 가격만을 최우선으로 여긴다. 소비자가 신뢰할 수 있
는 정직한 농산물 유통 회사가 과연 있기나 한 것인지도 의심스
럽다.

우리의 간이 언제까지 식품의 유해 성분들을 해독해줄지 걱정
해야 하는 현실이 참으로 슬프지 않은가? 어쨌거나 불미스러운
일을 미연에 방지하기 위해서라도 과일 가게에 가면 물건이 어디
서 왔는지 꼭 물어보도록 하자. 정육점이나 빵집에서도 마찬가지
다. 외국산 육류가 국내산으로 둔갑하는 것은 그리 드문 일이 아
니다. 언제나 조심하고 또 조심해야 한다.

빵집 주인이 직접 만든 빵이라면 그나마 다행이다. 설령 방부
제를 첨가하더라도 대량생산된 체인점 빵처럼 많이 넣지는 않을

테니 말이다. 국가가 식품의 안전을 위해 나름대로 관리는 하고 있지만, 긴장의 고삐를 늦추지 말아야 한다. 간단한 팁을 하나 소개하자면, 오렌지나 레몬 껍질은 반드시 차가운 물로 닦아야 한다. 따뜻한 물로 헹구면 껍질에 묻은 농약이 안으로 스며들기 때문이다. 주머니 사정이 여유롭다면 무공해 식품을 사먹는 것이 차라리 나을 것이다.

국민들은 양질의 식품을 먹을 수 있는 권리를 소리 높여 주장해야 한다. 그렇지 않으면 유통 업체들은 시장의 주인이 소비자임을 인식하지 못할 것이다. 자신들의 이익을 채우는 데만 혈안이 된 그들에게 바로 우리 소비자가 끊임없이 경종을 울려야 한다.

요리하는 방법만 중요한 게 아니다. 식재료에도 각별한 관심을 가져야 한다. 그리고 자연 그대로의 것과 인공적인 것을 구분할 줄 알아야 한다. (인공적인 방법으로 크기만 커진 사과보다 비록 씨알은 작아도 무공해 농법으로 재배된 사과가 더 달다는 것을 아는가? 물론 당연히 알 거라고 믿는다.)

식품 시장은 급성장을 거듭하고 있다. 쉰 살이 되면 음식을 즐기는 것도 좋지만, 미각을 돋우는 그 음식 속에 무엇이 첨가되었는지도 알아야 한다. 도끼를 잘 다루면 목수가 필요 없다는 말처럼, 음식에 대한 지식이 많으면 의사를 찾아갈 일도 별로 없을 것이다. 이 얼마나 반가운 일인가.

성찰의 여백

- 어린 시절 당신이 좋아했던 음식과 싫어했던 음식은 무엇이었는가? 싫어했던 음식과 관련된 끔찍한 에피소드를 적어보자.
- 2년 동안 일주일에 한 번씩 대형 식료품 매장에서 무료로 식품을 구매할 수 있는 공짜 쿠폰이 생겼다면 매주 어떤 걸 고를 것인지 열 가지만 적어보자. (단, 술은 제외한다.)

23

몸과 마음을
충만하게 하는 기쁨

　어려운 어린 시절을 보낸 우리 부모님 세대나 조부모 세대는 '여유'가 뭔지도 모를뿐더러 충분한 '여유'를 누리는 것이 신체적·정신적으로 얼마나 중요한지 모르신다. 우리가 아무리 설명해도 그들은 이해하려 들지 않는다. 예전에 재래시장을 지나다가 아주 탐스러운 석류를 발견한 적이 있다. 여든이 다 되신 고모께서 좋아하시겠다 싶어 반가운 마음에 몇 개를 사들고 고모 댁으로 향했다. 얼마 후 고모를 다시 찾아갔을 때, 그 석류들은 도저히 먹을 수 없을 정도로 바싹 말라 있었다. 평소에 그렇게 드물고 귀한 과일을 드셔본 적이 없던 고모는 먹기에 아까워 그냥 두셨던 모양이었다. 하지만 나는 왠지 서운함을 감출 수 없었다.

어렸을 때 할머니 댁에 놀러 가면, 할머니는 늘 장롱 속 깊은 곳에서 초콜릿 상자를 꺼내어 우리들에게 나눠주셨다. 그러나 초콜릿은 너무 오래된 나머지, 허연 가루가 덕지덕지 묻어 있곤 했다. 전쟁과 배고픔을 겪은 세대라 그런지 언제나 걱정이 많으셨던 할머니가 오래된 과자를 차곡차곡 서랍에 모아두시던 모습이 아직도 눈에 선하다.

한편 오늘날 40대 후반의 경우는 이와 정반대이다. 그들은 비축하고 아끼기는커녕 무엇이든 순식간에 끝내는 습관이 있다. 기분이 우울하다는 이유로 얼마나 많은 초콜릿을 한꺼번에 털어 넣어버렸는지 기억을 더듬어보자. 물론 초콜릿의 그 부드러운 맛을 음미해보겠다고 막무가내로 먹어대진 않았을 것이다. 음악도, 섹스도, 그리고 음식도 천천히 즐겨야 제 맛이다. 명심하라! 소비를 위한 소비는 행복 호르몬은커녕 우울감만 가져올 뿐이라는 사실을.

이른 아침, 허둥대며 옷을 찾아 입는다. 마음은 이미 사무실에 가 있고 다른 한편으론 저녁 장을 볼 게 걱정이다. 치마 허릿단에 블라우스를 구겨 넣으며 인스턴트커피를 급하게 들이켠다.

어떤가? 당신의 아침 시간도 이와 비슷하지 않은가? 오로지 편리하다는 이유로 인스턴트커피와 인스턴트 차(茶), 냉동식품의 인기가 날로 높아지고 있다. 당신의 냉장고를 한번 들여다보라.

아마 '산업용 식재료'로 가득할 것이다. 그런 식품일랑 당장 쓰레기통으로 집어 던져라.

커피를 진정으로 즐기고 싶다면 손수 커피를 내리는 전문점으로 가보자. 그곳의 커피 향과 메뉴를 살펴보면 당신은 틀림없이 놀랄 것이다. 커피의 고장 비엔나 사람들은 미각을 행복하게 하고자 수많은 종류의 커피를 만들어냈다. 차(茶)를 즐기기 위해서 차 전문가까지 될 필요는 없다. 다만, 다도(茶道)라는 의식이 왜 존재하는지 그 이유를 생각해본다면 차를 더 깊이 있게 즐길 수 있을 것이다. 차가 무엇이라 생각하는가? 단지 약간의 향이 담긴 미지근한 물이라고 생각하는가? 절대 그렇지 않다. 차에는 건강에 좋은 성분 그 이상의 것이 담겨 있다.

꿀도 마찬가지다. 꿀에는 단맛 그 이상의 무언가가 들어 있다. 이 맛난 꿀이 어떻게 만들어졌는지 상상해보자. 눈과 얼음이 녹고 따스한 햇살이 숲 속 나뭇잎 사이로 비친다. 나무에 새 이파리가 돋고, 꽃들이 하나 둘씩 피기 시작한다. 수많은 벌들이 이 꽃에서 저 꽃으로 날아다니는 모습, 열심히 꽃가루를 모아 벌집으로 돌아가는 꿀벌의 분주한 모습이 떠오르는가? 꿀은 이렇게 복잡한 과정을 통해 생겨난다. 따라서 꿀을 먹기 전에 꿀벌이 일하는 모습을 떠올린다면 그 가치를 더 정확히 알고 즐길 수 있을 것이다.

편안함과 행복감을 제대로 즐기려면 당연히 충분한 시간이 필요하다. 훌륭한 요리사는 결코 식재료를 함부로 구매하지 않는다. 그들이 현대에 거의 종교인 수준으로 존경받는 이유 또한 음식 선별부터 음식을 예술로 승화시키기까지 들여온 귀한 정성 때문이다. 고기의 질과 야채와 과일의 신선도, 그리고 농약 사용 여부를 확인하는 데만 해도 상당한 시간이 소요된다. 또한 요리사들은 엄선한 재료를 함부로 사용하지 않고 정성을 담아 자신만의 예술로 승화시킨다. 이들은 천연의 재료만 있으면 얼마든지 진정한 요리를 만들 수 있다. 이런 섬세한 과정을 이해하지 못한 채, 그저 남들에게 과시하기 위해 고급 레스토랑에서 음식을 먹는 것은 하나의 죄나 다름없다.

스트레스에 쫓겨 사는 사람이 음식을 즐기기란 어려우며 이는 건강에도 해롭다. 간신히 짬을 내서 마사지를 받지만 효과는 그다지 오래가지 않는다. 얼마 안 가 또다시 근육통이 재발한다. 근본적인 이유가 뭘까? 애초에 몸을 보살피는 것보다는 '소비 생활'에 급급했기 때문이다. 우리 몸은 그저 소비 생활의 대상일 뿐이었던 것이다. 심지어 자식들에게까지 이런 삶을 강요해왔으니, 실로 안타까운 일이 아닐 수 없다.

이제 '여유롭게 즐기는 삶'이 무엇인지 알아야 할 때다. 하다못해 얼굴 마사지를 받으면서도 마사지사의 손끝을 섬세하게 느껴보자. 당신의 몸이 그 감촉에 어떻게 반응하는지 느껴보자. 시끄러운 음악 대신 몸과 마음을 편안하게 안정시켜주는 음악을 들어보는 것은 어떨까? 매일 똑같은 텔레비전도 이젠 단호히 꺼보자. '편안하고 포근한 삶'을 발견하는 것은 그다지 어렵지 않으니, 바로 지금 시작하라!

성찰의 여백

- 어린 시절 주변에서 느꼈던 향기를 기억해보자. 이를테면 크리스마스에 집 안에 가득했던 계피 향을, 또는 햇살을 받은 고양이의 털에서 풍겼던 냄새를 말이다. 그 당시에 가장 맘에 들었던 향기가 있었다면 무엇인가?

- 정원에 심을 수 있는 향기가 강한 장미와 세 가지의 최고급 향수 중 하나를 선택하라고 한다면 당신은 무엇을 고르겠는가? 또, 당신이 좋아하는 초콜릿을 1년 동안 공짜로 제공받을 수 있는 상품권과, 혀끝에 녹아드는 초콜릿 무스를 만드는 요리 강좌 중 어느 것을 선택하겠는가?

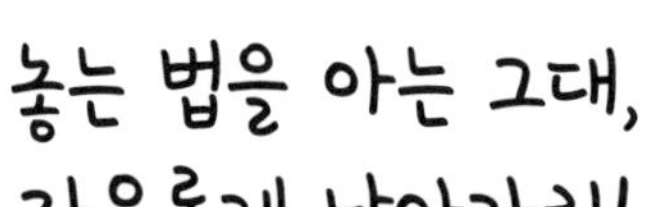

놓는 법을 아는 그대,
자유롭게 날아가리!

당신도 혹시 슈퍼에서 받아온 비닐봉지를 싱크대 서랍에 열심히 모아두는 사람 중 한 명인가? 이 비닐봉지는 재활용 쓰레기를 내다버릴 때 요긴하다. 하지만 서랍이 가득 차 있는데도 계속해서 봉지를 받아온다면 문제가 있다. 이미 가득 차서 더 이상 넣을 자리도 없는 비닐봉지 전용 서랍에 꾸역꾸역 눌러 넣는 습관, 이젠 그만두는 게 어떨까? 그렇게 열심히 모으지 않아도 자연히 또 생기게 마련이니 말이다. 언젠간 직접 잼을 만들 거라며 빈 유리병을 열성으로 수집하고 있는가? 그만두어라!

사소한 일까지 문제 삼는다며 불평한다면 나도 더 이상 할 말은 없다. 하지만 정작 문제는 더 중요한 것들도 이런 방식으로 해결하려 한다는 것임을 알고 있는가? 익숙해진 습관은 물론이고 오랫동안 소유하고 있던 물건을 버린다는 것은 참으로 어려운 일이다. 그렇다, 익숙해진 무언가를 나와 분리한다는 것은 틀림없이 가슴 아픈 일이다. 하지만 좀 더 솔직해져보는 건 어떤가? 작아서 못 입는 옷, 아니 너무 커서 못 입는 옷을 왜 좁아터진 장롱에 몇 년이고 걸어두는 것인가? 당신의 헌 옷을 필요로 하는 곳은 한두 군데가 아니다. 이제 과감하게 정리하라. 장롱은 넉넉해지고 그 옷들은 다른 사람들에게 줄 수 있으니 얼마나 현명한 일인가.

나는 쉰 살이 되자마자 신발장부터 점검했다. 꺼내기 쉬운 가운데 자리를 차지하던 하이힐들이 어느새 모두 맨 아래 칸에 놓여 있었다. 언젠가부터 하이힐보다는 굽이 낮고 편한 신발을 즐겨 신었던 것이다. 그래서 잘 안 신는 하이힐들이 손이 잘 닿지 않는 아래 칸으로 밀려났던 것이다.

나는 생각했다. 신지도 않는 굽 높은 신발들이 왜 먼지에 쌓인 채 신발장을 차지하고 있는지 말이다. 그 이유는 명백했다. 아름다운 하이힐은 저마다 추억을 간직하고 있었던 것이다. 하지만 난 생각을 고쳐먹었다. 오래된 추억에 자리를 내주기보다는 현재를 위해 그 신발들을 나로부터 분리시키기로. 그런 후 나는 그 빈

자리를 내가 즐겨 신는 신발들로 다시 채울 수 있었다.

지금 이 순간은 현재의 소중한 것들로 가득 채워져 있다. 추억은 이미 지나간 과거일 뿐이다. 현재를 만끽하지 않고 지나간 과거의 기억과 추억에만 연연해하는 것처럼 안타까운 일은 없다.

과거일 뿐인 추억의 물건들은 필요로 하는 사람들에게 나눠주자. 스무 살에 선물로 받은 유리 주사위도, 기억조차 나지 않을 만큼 오래전 여행 기념품으로 사온 장난감 택시도, 원하는 사람들이 있다면 기꺼이 선물로 주자. 내가 소장했던 물건에 다른 사람이 새로운 의미를 부여하고 생명을 불어넣는다면 그 얼마나 아름답고 값진 일인가.

버린다는 것은 하나의 위대한 예술이다. 습관을 버리는 것은 물건을 포기하는 것보다 훨씬 어렵다. 일례로 매일 저녁을 진수성찬으로 차려 먹던 사람이 어느 날 갑자기 식사를 간단히 한다는 것은 결코 쉬운 일이 아니다. 하지만 저녁을 지나치게 많이 먹는 것이 건강에 해롭다는 사실을 안다면 충분히 포기할 만한 가치가 있다.

우리는 주위 사람들의 습관이나 태도가 맘에 들지 않을 때 그들을 우리 취향대로 바꾸려 한다. 남을 내 마음대로 바꾼다는 것은 결코 쉬운 일이 아니며, 이에 동반하는 스트레스 또한 만만치 않다. 이 경우 가장 좋은 해결 방법은 바로 그 사람을 포기하는 것이다.

중년의 나이가 되어서까지 타인에게 동감이나 사랑을 구걸하지 말자. 남에게 이래라 저래라 하는 일도, 매번 같은 문제로 부딪히는 일도, 잔머리를 써가며 남을 괴롭히는 일도 그만두자. 이런 습관은 자신과 주위 사람들을 병들게 할 뿐이다. 남에 대한 욕심을 버리자. 그들이 내게 부족하다면 끝까지 붙들려 하지 말고 미련 없이 놓아주자. 이로써 우리의 삶은 그들로 인해 불행할 이유가 없어진다. 어떤가? 행복해지는 방법이 생각보다 간단하지 않은가.

당신은 이제 쉰 살이 되었다. 어떻게든 해내고야 말겠다는 욕심을 버리자. 마치 마법에 걸린 듯, 당신을 괴롭혔던 문제들이 훨훨 날아가리라. 머지않아 당신의 눈앞엔 상상도 못한 자유로운 공간, 새로운 질서, 기쁨과 평화가 펼쳐질 것이다.

- 물건을 찾는 데 얼마만큼의 시간을 소비하는가? 지금과 비교해 어린 시절에는 어땠는지 기억을 더듬어보자.
- 요정이 나타나 당신에게 '완벽한 조직 능력, 완벽한 기억력, 관용, 주변 사람에 대한 인내심' 중 하나를 선물하겠다고 한다면 당신은 무엇을 선택하겠는가? 또 그것을 선택한 이유는 무엇인가?

내면의 소리에 귀를 기울여라

당신은 혹시 반드시 귀 기울여 들어야 하는 목소리가 존재한다는 사실을 아는가? 나에게는 어려운 결정을 앞두고 있을 때마다 항상 귓가에 희미하게 들려오는 목소리가 있다. 어떤 사람은 그 것을 '감' 또는 '내면의 목소리'라고 부르기도 한다. 내게 그 목소리는 어렸을 때부터 줄곧 나를 따라다닌, 인생의 상담자인 동시에 '구원의 천사'였다.

유명한 외과의사인 사우어브루흐Sauerbruch는 이런 말을 한 적이 있다.

"나는 환자 수백 명의 배를 가르면서 수많은 '영혼'을 느꼈다."

그는 냉정하고 이성적인 사람임에도 영혼의 존재를 인정했다.

많은 사람들이 자신의 생각이 꿈을 통해 실현되는 경험을 해봤을 것이다. 꿈은 할리우드 영화 못지않게 긴장되고 소름이 끼칠 만큼 놀라우며 숨겨진 의미도 있다. 꿈을 분석하는 사람들은 꿈 안에 저마다의 희망과 두려움이 담겨 있다고 한다. 혼란스러운 일상생활에선 결코 떠오르지 않는 무의식이 꿈속에서 나타난다니 소름이 끼칠 만하다.

당신은 일상에서 누군가와 조용히 속삭이며 이야기를 나눠본 적이 있는가? 아마 없을 것이다. 우리는 참으로 시끄러운 사람들이다. 특히 홍보 전문가나 저널리스트들은 유난히 요란한데, 그들의 이야기를 자세히 들어보면 핵심보다는 자질구레한 내용이 훨씬 많다.

어디 그뿐인가. 세상은 이미 고요함을 되찾는다는 것은 전혀 불가능해 보일 정도로 산만하다. 지하철역마다 쉬지 않고 음악과 광고가 흘러나오며, 자동차에 오르거나 집에 들어가면 습관적으로 텔레비전이나 라디오를 켠다. 게다가 텔레비전은 이상하게 광고 시간만 되면 볼륨이 더 커진다. 물론 광고 효과를 노리는 것이라는 의도를 모르는 사람은 없다.

이렇게 주위가 산만하기 짝이 없는데 우리의 감각기관이 어찌 내면의 목소리를 들을 수 있겠는가. 우리는 그 내면의 목소리가 존재한다는 사실을 알면서도 그것을 듣기 위해 주변의 소음을 차단하지 못한다. 소음을 차단해주는 '버튼'을 찾지 못한 채 방황하고 있는 것이다. 하루를 마치고 잠깐 동안 휴식을 취해보는 건 어떨까? 퇴근해서 집에 도착하자마자 텔레비전을 켜는 습관, 이제는 과감히 버릴 때가 됐다. 휴식을 만끽하면서 적절히 긴장감을 유지해보자. 그러면 서서히 내면의 목소리가 들릴 것이다.

귀 기울여보자. 진통이란 그 자체가 병이 아니라 몸의 상태에 대한 경고라는 메시지, 다시 만나야 할 사람이 있다는 메시지, 쓸데없는 것들을 사는 대신 좋은 책을 사라는 메시지, 초원에 누워 흘러가는 구름을 바라보라는 메시지, 부스럭거리는 잎사귀 소리를 들어보라는 메시지, 식물이 자라는 모습을 조용히 관찰해보라는 메시지가 들리는가?

산만한 움직임을 멈추고 조용히 내면의 목소리에 귀를 기울여보자. 그러면 그 목소리가 점점 크게 들릴 것이다. 마치 영혼이 깨어나는 느낌이 들지 않는가?

의식이 깨어 있는 상태에서 자신의 내면에 머물 수 있다는 것은 결코 쉬운 일이 아니다. 하지만 머지않아 우리는 소중한 내면의 목소리뿐만 아니라 잔디가 자라나는 소리까지 듣게 될 것이다.

내면의 목소리를 듣는 능력은 쉰 살이 된 당신을 가치 있는 존재로 만들어줄 것이다. 조용히 귀를 기울여보자. 이 순간에도 당신의 내면의 목소리는 무언가 말하고 있다.

성찰의 여백

- 반복해서 꾸는 꿈이 있는가? 있다면 그 내용을 설명해보자. 주로 어떤 상황에서 그 꿈을 꾸게 되는가?
- 당신에게도 구원의 천사가 존재한다면 그가 어떤 메시지를 전하고 그로부터 어떤 느낌을 받는지 구체적으로 생각해보라.

단단히 굳어진 고집을
조심하라

쉰 살이 되면 '고집'에 각별히 주의해야 한다. 오랜 세월을 살아 오면서 우리에겐 나름의 기준이 생겨났다. 그 기준은 어찌나 단 단한지 결코 흔들리는 법이 없다. 하지만 혹시 알고 있는가? 나 이를 먹으면서 점점 더해지는 고집스러운 행동과 기준이 우리의 삶을 위협한다는 사실을 말이다.

처음 휴대폰이 등장했을 때, 어느 누구도 휴대폰 예절이라는 것을 몰랐다. 그 탓에 사람들은 주위는 아랑곳하지 않은 채 그 작 은 기기에 귀를 대고 고래고래 소리를 지르며 통화하기 일쑤였 다. 그런 상황에서 주변에 있는 사람들은 그가 10분 후에 집에 도 착한다든지, 슈퍼에서 삼촌을 만났는지 따위는 전혀 궁금하지 않다. 그저 자신의 사생활을 큰 소리로 떠들어대는 모습에 의아할 뿐이다. 이 기계는 물론 편리하긴 했지만 필요 이상의 소음을 만들어냈으며, 이것을 지니고 있는 한 어디서든 사람들의 부름을 받게 되었다. 마치 노예가 된 것처럼 말이다. 하지만 우리는 그것의 전원을 끄지 않는다.

현대사회는 혁신적인 기술로 가득하다. 매일 매일 생겨나는 새로운 것들을 받아들이지 않을 수도 없거니와 누가 강요하지 않더라도 그것에 곧바로 익숙해진다. 하지만 우리가 잊고 있는 게 하나 있다. 새로운 것이 등장할 때 생각의 교환과 논쟁이 제대로 이루어지지 않는다는 것. 우리는 스스로 판단을 내리기도 전에 주위 사람들의 생각을 그대로 받아들이는 나쁜 습관을 갖고 있다. (앞서서 언급했던 아하 효과와 상통하는 얘기다. 일일이 설명하지 않더라도 상대방이 마치 내 속을 들여다보듯 나를 있는 그대로 이해하고 있다는 느낌, 아울러 생각이 다른 누군가를 설득해야 한다는 부담감이 없기에 그 느낌이 편한가 보다. 그래서인지 스스로 사고하고 판단하기보다는 잘 아는 사람들의 생각을 그대로 수용하는 것이 습관이 되었을 수도 있다.)

오랫동안 연락을 못하고 지냈던 친구를 만나 맥주 한두 잔을 마시고 헤어진다. 앞으로는 자주 연락하자는 약속도 없이 말이다. 그리고 그 친구에 대해 생각한다.

‘어쩌면 저렇게 변한 게 없을까?’

당신은 어떤가? 당신이 지금 정기 구독하고 있는 신문이나 잡지는 무엇인가? 아마 예나 지금이나 변함없으리라. 애독하는 신문의 정치적 입장 역시 달라진 것이 없을 것이다. 나는 종종 이런 생각을 한다. 몸만 나이를 먹는 게 아니라 마음도 나이를 먹어간다고. 그리고 현대인의 삶에 마지못해 발을 들여놓았을 뿐 그 안에서 적극적으로 활동하지 못하고 있다고 말이다. 하지만 우리도 이 사회에 기여하고 있는 중요한 사람들이다. 우리는 젊지 않지만 그렇다고 노인도 아니다.

오랜만에 친구들을 만나는 것도 좋다. 삶과 세상에 대한 생각을 점검할 수 있는 기회가 되기 때문이다. 그리고 변하지 않는 우리 자신의 고집스러운 견해에 대해서도 생각해볼 수 있다. 그렇다고 해서 젊은 청춘들처럼 무조건 유동적인 생각을 습관화하자는 이야기는 아니다. 자신의 확신은 스스로 관철시켜야 한다. 개인적인 판단이나 편견이 무조건 나쁜 것도 아니다. 누구든 자신의 입장이란 건 필요하며, 그로써 주변을 바라볼 수 있기 때문이다. 정말 확고한 입장을 원한다면 우선 세상을 면밀히 관찰하자. 정확한 판단은 그 후에 해도 늦지 않다. 그리고 입장이란 수시로 변한다는 것을 인정하자. 사진사가 매일 같은 물체를 같은 각도에서만 찍는다면 어떻겠는가?

중년쯤 되면 '확신'에 가까운 어떤 신념이 생긴다. 바로 이런 신념이 있어 지금의 나이가 아름다운 것 같기도 하다. 괜찮은 파트너를 찾았다고 해서, 애를 낳았다고 해서, 집을 샀다고 해서 우리 목표가 모두 달성된 것은 아니다. 인생의 진정한 목표에 도달한 사람은 삶을 바라보는 시각도 성숙하다. 눈앞에 큰 산이 떡 버티고 있을지라도 그 산 너머에 바다가 있다는 것을 알고 있으니 말이다. 이 얼마나 긴장되는 일인가.

성찰의 여백

- 어린 시절 당신은 아기가 어디서 나온다고 생각했는가? 얼마나 오랫동안 아기 예수와 부활절 달걀 그리고 산타클로스가 존재한다고 믿었는가? 어른들이 이야기해준 것들이 사실이 아니라는 것을 알았을 때 그 실망감은 어땠나?
- 가족 중 한 사람이 불치병에 걸렸다고 하자. 당신은 당사자에게 사실대로 말할 것인가? 아니면 더 나아지리라 희망하면서, 회복이 가능한 병이라고 거짓말을 할 것인가?

27

거짓된 영웅은
용서받지 못한다

인간은 눈물이 많은 동물이다. 누구나 어린 시절 엉엉 울다가 눈물방울이 볼을 타고 흘러내려 입술을 적셨던 기억이 있을 것이다. 눈물이 터지는 순간 우리는 가슴의 응어리가 풀리고 고통에서 해방되는 느낌을 맛본다. 아픔에서 해방되기 위한 중요한 과정이 바로 '울음'이다. 그럼에도 우리는 어렸을 때부터 절대 울면 안 된다고 배웠다.

"쓸데없이 울긴 왜 울어!"

"운다고 이 일이 해결되니?"

더구나 다 큰 어른이 울면 자신의 감정도 제대로 조절하지 못하는 무능력한 사람으로 평가받기 십상이다. 눈물을 흘리는 사람은 스스로 약한 존재임을 증명하는 셈이다. 현대를 살아가는 우리는 혹시나 약한 존재로 인식되지는 않을까 항상 노심초사한다. 약한 자는 무조건 무시당하는 세상에 살고 있기 때문이다. 하지만 눈물을 흘린다고 해서 모두 약한 자는 아니다! 어느덧 우리는 중년의 나이에 접어들었다. 이제는 감정 표현과 관련된 선입견들을 버려야 할 때인 것이다.

당신에게 매일 울라는 얘기를 하려는 것이 아니다. 감정을 솔직하게 표현하는 게 절대 나쁜 것이 아님을 알려주고 싶을 뿐이다. 우리 사회에서는 강한 사람, 성공한 사람, 건강한 사람만이 훌륭한 사람으로 인정받는다. 그들은 영웅이나 다름없다. 이런 분위기는 물질 만능주의인 현대사회의 아킬레스건이다. 어쨌거나 우리는 인정받기 위해서 언제나 냉정하고 태연한 모습을 유지해야 한다. 결코 내면의 약한 모습을 보여서는 안 된다. 물론 잘 모르는 사람에게 지나치게 사적으로 대하는 것은 예의가 아니다. 하지만 자신의 생각을 감추는 것은 정신적으로나 신체적으로 바람직하지 않음을 명심하라.

그렇다고 해서 하루아침에 우울증 환자처럼 행동하라는 이야기가 아니다. 괜스레 우울한가? 그렇다면 집에서 마음 편히 울어보는 것도 좋다. 눈물을 좀 흘린다고 해서 나빠질 건 없다. 가슴이 울적해서 울고 있는 아내를 무시할 남편도 없을 테고 말이다. 오히려 아무 설명도 없이 얼굴을 찡그린 채 히스테리를 부리는 편이 상대방을 더욱 힘들게 한다. 아픔이나 고통을 감추기 위해 우리가 얼마나 많은 에너지를 소모하는지 알고 있는가? 자신의 약한 면을 감추려 하면 할수록 상대방이 받는 고통과 부담은 더 커지게 마련이며 결국 악순환만 반복될 뿐이다.

신은 우리에게 소중한 두 친구를 선물로 주었다. 바로 두려움과 고통이다. 많은 이들이 이 두 친구를 적으로 오인한다. 그래서 이 두 감정을 밀어내려고 안간힘을 쓰며 절대 들어오지 못하게 마음의 문을 꼭 걸어 잠그고 다시 확인한다. 이로써 문제를 해결할 수 있는 가능성이 충분한데도 해결은커녕 오히려 더 심각해지기만 한다. 사람들은 대개 두려움과 고통으로 인해 연약한 사람이 된다고 생각하지만 실상은 그렇지 않다. 두려움과 고통은 오히려 인간을 강하게 단련시킨다. 쉰 살이 된 여성들이여, 이제는 두려움과 고통에 대한 편견을 바로잡아야 할 때이다.

고통은 당신의 삶에 문제가 없는지 중간 점검을 하라는 중요한 메시지를 담고 있다. 두려움도 마찬가지다. '잘못된 길로 가지 말라', '행동을 똑바로 하라'는 경고의 목소리다. 요컨대 고통과 두려움은 우리의 인생과 몸을 다시 점검하게끔 하는 고마운 메시지인 것이다. 따라서 아무렇지도 않는 척, 강한 척하는 것은 이런 고마운 메시지의 참뜻을 무시하고 우리에게 도움을 주려는 소중한 친구들을 철저하게 차단하는 행동이다. 태어날 때부터 우리는 이런 메시지를 들을 수 있는 능력을 지니고 있지만 문제는 우리가 원할 때만 들으려 한다는 것이다. 마음의 문만 열면 복잡한 문제를 풀 수 있는데도 말이다. 고통과 두려움은 항상 우리 곁에 머물기 위해 오는 것이 아니다. 그들은 메시지만 전해주고 기꺼이 돌아간다.

약한 내면을 숨기고 강한 척하며 살아온 우리의 삶을 다시 돌아보자. 이로써 인간은 진정으로 강해지고 젊어질 수 있다. 거짓된 영웅은 쉽게 용서받지 못할 뿐만 아니라 언젠가는 비극적인 결말을 맞게 되어 있다. 자신의 약한 모습을 솔직히 보여주는 사람이 진정으로 강인한 사람임을 잊지 말라.

- 어렸을 때 유난히 무서웠던 동화가 있었는가? 있다면 제목을 떠올려보자. 또한 그 시절에 항상 불을 켠 채로 잠들었는지, 불을 끄고 잠들었는지 생각해보자. 만약 어두운 방에서 잠드는 것이 무섭고 두려웠다면 그 이유는 무엇인가?

- 동화나 소설, 영화에서 나오는 영웅을 한 명 만날 수 있다면 누구를 만나고 싶은가? 그 이유는 무엇인가?

28

당신을 옭아매는
선입관에서 벗어나라

법치국가에서는 '규율 준수'를 하나의 미덕으로 여긴다. 규율에 얽매여 사는 사람들, 어쩌면 모범적으로 보일 수도 있겠지만 정작 그들은 불쌍한 사람들일지도 모른다. 이에 반해 자기가 원하는 대로 소신껏 살아가는 사람들은 시간이 많이 흐른 후에도 자신의 삶을 후회하지 않는다. 규율을 중시하는 사람들은 양심에 가책 없는 삶을 살아갈지 모르나, 그들의 삶은 흥미롭지 못하다. 그들은 변화라는 것을 용납하지 못하며, 규율에서 벗어나는 행동은 꿈속에서조차도 하지 못한다. 또한 그들의 삶은 비록 평화로울지는 모르나 결코 행복하진 않다.

나는 점잖은 모범생이라기보다는 제멋대로인 사람에 가깝다.

(종종 죄를 짓고 산다는 것이 더 솔직한 표현일 것이다.) 규율을 철통처럼 지키는 사람들은 자신의 의지에 기초해 결정을 내리는 법이 없다. 그들의 행동은 마치 공식처럼 변함이 없어서 짐작하기도 쉽다. 이미 어렸을 때부터 각인된 부모님과 선생님의 말을 바탕으로 행동을 결정하기 때문이다.

나는 처음 자동차를 샀을 때부터 항상 ‘A’ 주유소만을 고집했다. 휘발유가 거의 바닥난 상태에서도, 바로 옆에 다른 주유소가 있는데도 어떻게든 그 주유소만을 찾았다. 심지어 끝내 그 주유소를 찾지 못해 차가 길에 서버린 적도 있었다. 그때 어디서 이런 이상한 집착이 어떻게 생겼나 고민해봤다. 그 기억의 끝에는 바로 ‘A’ 주유소만 찾던 아버지가 있었다. 난 마치 파블로프Pavlov의 개(파블로프의 조건반사 실험에서 사용된 개를 가리킴 ― 옮긴이)처럼 아버지의 습관을 그대로 따랐던 것이다. 이뿐만이 아니다. 나는 세탁제조차도 한 가지 상표만을 고집하는데, 엄마가 그 상표를 좋아했기 때문이다.

식습관도 부모님의 영향을 그대로 받았다. 귤을 먹으면 황달에 걸릴지도 모른다는 두려움, 한 번 삶은 시금치를 다시 데워 먹으면 영양가가 아예 없다는 믿음, 버터가 마가린보다 건강에 훨씬 더 좋다는 근거 없는 편견까지……. 누구에게나 이런 선입관은 있다. 그것도 머릿속에 아주 단단히 박힌 채로. 우리는 왜 집 안에서마저 슬리퍼를 신고 다니는 걸까? 굳이 잠옷을 챙겨 입어야 하는 이유는 또 무엇일까? 우리네 삶은 참으로 많은 선입견과 복잡하고 귀찮은 규정으로 가득하다. 이제 이런 전형적인 습관과 과감히 작별하고 싶지 않은가?

쉰 살이 된 우리는 선입관을 버리고 자유로운 시각으로 모든 행위에 나름의 의미를 부여할 줄 알아야 한다. 또한 새로운 것에 대한 호기심, 그리고 이를 통해 얻게 되는 자신감으로 삶을 변화시켜야 한다. 지난 시절의 집착과 고집은 이미 과거의 것이다.

쉰 살이라면 자신의 생각이 무엇인지쯤은 정확히 알아야 한다. 또한 선입관과 생각의 규정을 거부할 줄도 알아야 한다. 지금부터라도 독자적인 시각으로 세상을 바라보자. 생각이 자유를 누리지 못하면 건강에도 안 좋으며 하루하루 일상도 힘겨울 수밖에 없다. 복종을 미덕이라고 여겨온 당신, 그리하여 자신의 생각조차 다른 사람의 기준으로 정의해온 당신! 이제 우리 모두 변화의 시대를 맞이할 때다.

음식을 선택할 때마저 당신을 지배하는 선입견이 있는가? 세상에 백 퍼센트 안전한 것은 없다. 삶 자체가 위험한 것이기 때문이다. 어느 누군가가 당신의 자유로운 생각에 반발하고 나선다면 특별히 주의해야 한다. 당신의 이익을 빼앗으려는 사기꾼이 도처에 널려 있으니 말이다. 그들은 다른 사람들까지 자신처럼 불행하게 만들고 싶어 한다.

자, 이제 자유롭게 뛰어보자. 아직 늦지 않았다. 자신의 틀을 깨고 반항아가 되어보자. 회색 먹구름으로 가득했던 당신의 삶에 환한 빛이 쏟아질 것이다.

성찰의 여백

- 부모님이 절대로 해서는 안 된다고 했던 것들이 있을 것이다. 그때마다 당신은 어떻게 반응했는가? 부모님이 당신에게 규정했던 것들을 당신 역시 자녀에게 똑같이 강요하고 있진 않은가? (해당 사항이 없는 사람이라면 아이가 생긴다는 가정 하에 답해보자. 부모님의 규정을 자녀에게도 똑같이 강요하겠는가?)

- 오늘부터 당신에게 3일간의 특별한 휴가가 주어진다. 이 기간에 당신은 그동안 해보고 싶었던 모든 것을 할 수 있게 된다. 그게 무엇이더라도 상관없다. 어떠한 위험도, 문제도 발생하지 않을 것이다. 그동안 진정으로 해보고 싶었지만 용기가 없어 절대 안 된다고 생각한 게 있다면, 지금을 실현의 기회로 삼으면 되는 것이다. 무엇을 하겠는가?

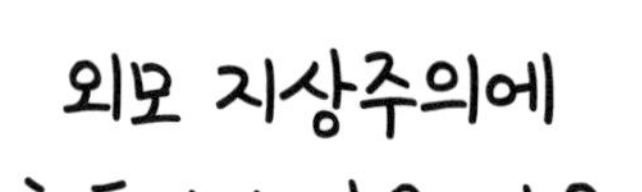

외모 지상주의에
휘둘리지 않을 자유

젊은 시절 당신이 가장 좋아했던 영화배우는 누구인가? 그 배우의 얼굴을 떠올려보자. 언젠가부터 그들에게선 흰머리가 보이기 시작한다. 마치 노장 영화배우처럼 말이다. 오늘날 가장 아름다운 남성이라고 불리는 영화배우 조지 클루니. 그의 이미지도 요즘 들어 한껏 성숙해진 느낌이다. 마치 오래된 영화에서나 나옴직한 고전적인 매력이 물씬 풍기는 영화배우라고 해도 부족함이 없을 정도다. 조지 클루니의 팬 층은 젊은 여성을 비롯해 중년 여성까지 광범위하다. 여자라는 이유만으로 그를 보면 심장이 콩콩 뛰는 건 어쩔 수 없다.

인기 여배우들 중에는 40대 후반에서 50대 초반이 되어서야 제대로 매력을 발휘하는 영화배우들이 많이 있다. 그들은 중년에 이르러서야 절정의 인기를 만끽한다. 당신도 바로 그 대단한 나이에 도달했다. 혹시 '너무 많은 나이를 먹었다'고 신세 한탄하며 한숨만 쉬고 있었는가? 지금은 한숨이나 쉬면서 꾸물거릴 때가 아니다. 당신은 이 중요한 시기를 결코 헛되이 보내서는 안 된다.

물론 내가 아무리 강조해도 당신은 지금 당장엔 진지하게 받아들이지 않을 것이다. 거울에 비치는 깊은 주름을 바라보며 현재로부터 도피하려고 애쓰느라 정신없을 테니. 하지만 절대 그래서는 안 된다. 중년이라는 나이는 당신이 상상하지 못할 만큼 기쁨으로 충만한 시기다. 그만큼 이 시기를 쉽게 포기하지 말자. 내가 쉰 살이라는 나이를 지나치게 미화하려는 것으로 보이는가? 전혀 아니다. 당신에게 지금 당장 생각을 바꾸라고 강요하는 것은 더더욱 아니다. 다만, 쉰 살이 되면 젊은이들은 결코 가질 수 없는 성숙한 매력이라는 것이 생겨난다는 사실을 알리고 싶을 뿐이다. 우리의 얼굴엔 이제까지 살아온 삶이 그대로 담겨 있으며, 이는 자신만의 매력으로 승화된다.

쉰 살이라는 나이는 오래된 책과 비교할 수 있을 것 같다. 고상한 향기가 묻어나는 흥미진진한 이야기로 가득한 책 말이다. 이책의 매력은 젊은이들이 가지고 다니는 작은 수첩에 비할 바가

안 된다. 젊은이들은 아름답고 신비롭지만 그들의 노트에는 이렇다 할 스토리가 담겨 있지 않다. (젊은이들을 무시하려는 의도는 결코 아니니 오해 없길 바란다.) 쉰 살의 여성이라는 오랜 책 속에는 모든 세상이 다 담겨 있다. 코미디, 드라마, 풍부한 감성, 모든 분야의 삶 그리고 시간까지 말이다. 신은 우리에게 이성, 감성, 영혼이라는 세 가지 선물을 줬다. 쉰 살이라는 성숙한 나이에 우리가 어떤 갈등 상황에서든 침착하게 대응할 수 있는 것도 바로 그 덕분이다.

살다 보면 매 순간순간마다 그 나름대로의 '특별한 의미'가 있음을 알게 된다. 쉰 살이라는 나이의 특별한 의미는 무엇일까? 짐작컨대 내가 이 장에서 다루고자 하는, 현대사회에 팽배한 외모 지상주의와는 분명 거리가 멀 것이다. 당신은 패션 전문가, 사진작가, 비평가, 언론이 만들어낸 인공적인 시각이 우리의 판단력을 마비시키고 있다는 것을 알고 있는가? 그 결과 우리는 젊음, 아름다움, 나이에 대해 올바른 판단력을 잃고 말았다.

레이사Raissa라는 러시아 여성의 안타까운 얘기를 소개한다. 배고픈 생활을 견딜 수 없었던 레이사는 돈을 벌기 위해 가족을 두고 고향을 떠났다. 이후 그녀는 유명한 모델이 되었고 예전엔 감히 상상도 못했던 큰돈을 벌어들였다. 당연히 그 돈으로 러시아의 가족을 부양할 수도 있었다. 하지만 모델로서 체중을 유지하기 위해 여전히 배고픈 생활을 해야 하는 것은 마찬가지였다. 외모 지상주의 소비사회는 가난을 피해 돈을 벌고자 도시로 탈출한 '불쌍한 소녀'에게 미끼를 던져 유혹하고 있다. 비단 그 여성에게만 해당되는 일은 아니다. 우리 또한 그들과 함께 외모 지상주의의 유혹을 물리치지 못한 채 살고 있으니 이 얼마나 슬픈 일인가.

현대사회에서는 자연스러운 아름다움의 가치를 인정하기보다는 수술대에 오르는 것이 당연한 일이 되어버렸다. 마치 수술대 위에 누워서 쌍꺼풀을 만들지 않으면 다른 이들과 어울릴 수 없다고 생각하는 듯하다. 또한 말라야 아름답다고 생각한다. 그런 이유로 모델이 되기 위해 굶기를 밥 먹듯 하는 사람이 한둘이 아니다. 더구나 굶주려 만들어낸 미(美)를 통해 벌어들인 돈이 제삼국의 굶주리는 사람들을 위한 후원금으로도 쓰이고 있다. 아이러니하지 않은가?

다른 사람은 몰라도 쉰 살이 된 우리는 반드시 아름다움의 진정한 의미에 대해 분명히 알아야 한다. 아울러 잘못된 미의 기준을 받아들이는 일은 없어야 한다. 긴 다리, 윤기가 흐르는 머리, 세련된 옷차림, 주름 없는 탱탱한 피부……. 어찌 모든 사람이 이것을 다 누릴 수 있겠는가. 세련미와 젊음만을 요구하는 현대사회는 자연스러움을 원하는 우리의 의지마저 억압하고 있다. 그럼에도 우리는 이런 분위기에 기꺼이 합류하고 있다. 바로 이런 태도가 외모 지상주의를 적극적으로 지지하는 행동임을 알고 있는가? 모두가 부끄러워해야 할 일이다. 진정한 아름다움이란 당신이 생각하는 것보다 훨씬 더 위대하고 비밀스러운 것이다. 그것을 인식할 때 당신은 더 자유로워지리라.

성찰의 여백

- 어렸을 때 부모님께 배운 식탁 예절은 무엇이었나? 밥공기에 담긴 음식을 언제나 깨끗하게 비워야 했는가? 어머니가 "식탁 위에 올라온 음식은 모두 먹어야 한다"고 말씀하셨나? 가족 중 비만 환자가 있었는가? 어머니는 항상 화장을 했는가? 나이를 먹는다는 것이 무엇인지에 대해 가족과 이야기를 나눈 적이 있었는가?

- 유명한 성형외과 의사에게 무료로 성형수술을 받을 수 있는 기회가 생겼다. 수술 사실은 절대 비밀이며 원한다면 어느 부위든 수술할 수 있다. 이 제안을 받아들이겠는가? 만약 받아들인다면 어떤 부위를 수술하고 싶은가?

매력적인 주름을 연출하라

아름다움이란 완벽한 조화라고 생각하는가? 예술가들 사이에서는 완벽함이 오히려 지루함을 불러일으킨다는 의견이 팽배하다. 어쨌거나 사람들의 눈길을 끌기 위해서는 독특한 무언가가 필요하다. 완벽하게 만들어진 작품에 불완전하면서도 특별한 무엇인가를 굳이 가미하는 것은 예술가들이 바로 이런 논리를 너무나 잘 알고 있기 때문이다.

나는 텔레비전에 등장하는 젊고 아름다운 유명 스타의 이름을 잘 기억하지 못한다. 다들 어찌나 비슷하게 생겼는지 구별이 안 된다. 심지어 〈하랄트 슈미트 쇼Harald Schmidt Show(독일에서 유명한 토크쇼 중 하나 — 옮긴이)〉에 등장하는 아름다운 스타들을 보고 매일 똑같은 배우가 나오는 줄 알았다. 요즘 미녀들은 자신의 개성을 강조하기보다는 유행하는 의상과 헤어스타일을 뒤쫓기 바쁘다. 이것이 바로 그녀들이 모두 똑같은 사람으로 보이는 이유다.

훌륭한 연기력과 개성을 겸비한 스타들을 떠올려보라. 그들은 미남·미녀 선발대회의 수상자들이 아니다. 영화 〈딕 운트 도프〉의 디터 파프Dieter Pfaff를 기억할 수 있겠는가? 그는 뚱뚱하고 인물도 별 볼일 없다. 하지만 시청자들은 그를 볼 때마다 스르르 녹아버린다. 꼭 껴안아주고 싶은 충동이 들기도 한단다. 뚱뚱한 체격이 안쓰러워서가 아니라 타인의 마음을 녹여주는 따뜻한 광채와 매력을 머금고 있기 때문이다. 영화 〈피고의 증인〉, 〈노틀담의 꼽추〉의 찰스 로튼Charles Laughton의 경우도 마찬가지다. 페르난델Fernandal이 영화 〈돈카밀로 신부의 작은 전쟁〉을 빛낼 수 있었던 건 그의 큰 입 때문이 아니다. 바로 그만이 선보일 수 있는 박력 있는 연기와 그의 연기에 담긴 인간적인 따스함 덕분이었다. 우디 앨런은 또 어떤가. 그는 우리가 흔히 말하는 잘생긴 배우는 아니지만 넉넉하지 않은 삶 속에 소박한 아름다움이 있음을 보여주는 예술인이다. 도시의 각박한 삶에 익숙한 우리에게 아름답고 유익한 메시지를 전해주는 유일한 사람인지도 모른다.

이번에는 여성의 예를 보자. 아름답지는 않아도 커다란 감동을 주는 여배우들은 한둘이 아니다. 영화 〈미스 마플Miss Marple〉의 마가렛 루더포드Margaret Rutherford, 테레제 기제Therese Giehse를 떠올려보자. 그들은 뛰어난 미모의 소유자는 아니지만 얼마나 대단한 배우들인가. 안나 마냐니Anna Magnani만의 신랄하기까지 한 매력은 다른 일류 여배우들의 질투의 대상이다. 목소리 또한 대단한 매력을 뿜어낸다. 소피 로이스Sophie Rois의 여린 목소리를 한 번이라도 들어본 사람은 결코 그녀를 잊지 못한다.

우리 모두 아름다움을 동경한다. 그리고 다른 사람의 기억에서 쉽게 잊히지 않기를 희망한다. 사랑받고 아름다워지려고 하는 것이다. 《미운오리새끼》라는 동화가 우리에게 주는 메시지는 무엇일까? 못생긴 오리 한 마리가 아름다운 백조로 성장하는 내용의 《미운오리새끼》는 남녀노소 누구에게나 사랑받는 동화다. 혹시 우리는 이 동화를 읽으면서 아름다운 존재로 다시 태어나고 싶다는 희망을 되새기는 게 아닐까?

이 동화에는 간과해선 안 될 중요한 핵심이 있다. 미운오리새끼는 처음부터 백조였다는 것이다. 단지 몰랐을 뿐이다. 아무리 못생겼더라도 나름대로 노력을 기울인다면 얼마든지 자신만의 매력을 발휘할 수 있다. 아름답기를 원한다면 슬퍼해서는 안 된다. (슬퍼하는 자가 어찌 자신의 아름다움을 발휘할 수 있겠는가.) 우선 자신의 장점을 제대로 알아야 할 것이며, 부끄러운 부분을 숨기거나 속이는 대신 그 약점을 장점으로 승화시켜야 할 것이다.

로코코 시대의 여성은 창백할 정도로 하얗게 얼굴 화장을 하고 그렇게 해서 완벽해진 얼굴에 점을 붙였다. 너무 완벽하면 오히려 주위의 관심을 끌 수 없다는 이유에서였다. 완벽하지 않은 우리는 참 운이 좋은 사람들이다. 굳이 완벽함을 깨뜨리려고 매력점 같은 귀찮은 것을 붙일 필요가 없지 않은가.

쉰 살에 자신의 개성을 발견한다고 해서 절대 늦은 건 아니다. 현명한 사람이라면 얼굴에 늘어나는 주름조차도 매력적으로 보이게 연출할 수 있다. 매력은 여러 가지 요소가 서로 어우러져 생겨나는 것이기 때문이다.

- 어린 시절 유난히 우쭐했던 적이 있었는지 기억해보자. 유독 멋지다고 생각했던 옷이나 신발이 있었는지도 떠올려보자.

- 세계적으로 유명한 디자이너로부터 여름, 가을, 겨울 컬렉션 중 원하는 옷을 모두 선물로 받게 되었다. 대신 당신은 그 옷을 입기 위해 그에 알맞은 체형을 유지해야 한다. 물론 배고픈 날이 하루 이틀이 아닐 것이다. 이 제안을 받아들이겠는가, 거절하겠는가?

31

당신의 아름다움은
당신이 제일 잘 안다

메이크업 아티스트들은 마법사나 다름없다. 새로운 존재로 태어나고 싶다면 메이크업 아티스트에게 얼굴을 맡겨보자. 각자만의 매력을 최상의 아름다움으로 승화시키는 그들의 기술은 진정 예술이다. 빵집이나 정육점에서 우연히 유명한 배우를 본 적이 있는가? 정육점에서 다진 고기 백 그램을 주문하고 있는 배우를 만난다고 가정해보자. 그의 목소리와 제스처를 자세히 살핀다. 텔레비전에서만 볼 수 있었던 배우가 바로 당신의 눈앞에 일반인의 모습으로 나타난 것이다. 그런데 당신과 별다른 차이가 없어 보인다. 그저 놀라울 따름이다.

우리는 아름다워지기 위해 코스메틱 살롱을 찾고 피부 관리 숍을 찾는다. 나이를 먹어도 그 버릇은 여전하다. 평범한 모습의 스타를 보면, 우리도 조금만 신경 쓰면 그들처럼 아름다워질 것이라고 기대해본다. 더 구체적으로 말하면 그 정도 수준은 못되더라도 비슷해지진 않을까 하는 겸손한 기대감이다. 시간이 남아돌아 거울 쳐다보는 일 이외엔 관심이 없는 사람이라면 깊이 공감할 것이다.

당신은 텔레비전에 나오는 서른다섯 살의 배우가 메이크업을 하는 데 얼마나 많은 시간을 보내는지 아는가? 최소한 30분은 걸린다. 그리고 한 살씩 더 먹을 때마다 1분씩 증가할 것이다. 그렇게 아침에 한 시간씩 메이크업을 받고 점심시간 내내 화장을 고친다. 그리고 저녁엔 메이크업을 완전히 뜯어고친다. 당신도 이런 일상을 원하는가? 꾸미는 데 별 관심이 없는 사람에게 이런 일은 괴로운 노동일뿐이다.

우리 나이쯤 되면 메이크업 정도는 식은 죽 먹기다. 젊었을 때는 다양한 제품을 직접 사용해봐야 어느 제품이 피부에 제일 잘 맞는지 알 수 있었다. 하지만 지금은 굳이 다 사용해보지 않아도 어느 제품이 자기 피부에 가장 맞는지 쉽게 안다. 제품의 효과를 지나치게 부풀린 광고를 무조건 믿을 나이가 지난 지도 이미 오래이다. 주름 개선 제품 광고를 찍으면서 정직하게 사용 전, 사용

후의 맨 피부를 공개하지 못하는 이유는 무엇일까?

당신은 캐비아에서 추출된 성분이 피부를 보호해주고 가꿔준다는 광고를 신뢰하는가? 캐비아가 정말로 들어 있는지 확실치도 않은데 값은 그야말로 쇼킹하다. 광고 속에서 미소 짓고 있는 배우들이 제품의 효능에 관심이 있기나 할까? 다행히 우리는 우리 피부에 알맞은 제품이 무엇인지 알고 있기에, 화려한 광고에 혹하여 굳이 비싼 제품으로 바꾸거나 하지는 않는다.

백화점의 화장품 코너에 들러보자. 쉰 살이 넘어 보이면 판매원은 주저 없이 주름 개선 제품을 권할 것이다. 더욱이 텔레비전의 황금 시간대를 장식하는 수많은 프로그램도 쉰 살 이상의 우리를 대상으로 편성된 것은 아니리라. 물론 우리도 이에 어느 정도의 책임이 있다. 더 이상 감자 칩을 즐기지 않을 정도로 고상해졌고, 그들이 말하는 이상야릇한 성분을 함유한 고급 화장품을 신뢰할 만큼 유치하지도 않기 때문이다.

우리는 나이를 먹으면서 성숙함과 지혜를 얻었다. 예컨대 우리는 더 이상 직사광선에 맨살을 내놓고 태우지 않는다. 햇볕이 드는 벤치에 앉아 얼굴을 노출시키는 일 따위는 하지 않는다. 휴가를 갈 때도 언제나 강도 높은 선 크림을 챙겨가고 가능한 한 그늘을 찾아가 쉰다. 다른 건 몰라도 피부 보호에 대한 노하우만큼은 우리가 젊은이들보다 한 수 위다. 우리는 선글라스를 멋 부리는 용도로 쓰지 않는다. 단지, 눈을 자극하는 자외선을 차단하기 위해 꼬박꼬박 선글라스를 착용하는 것이다. 지나친 메이크업은 자제하되, 건조해진 피부에 수분 크림을 열심히 발라주는 지혜도 있다. 그리고 더러는 맨 얼굴로 외출하는 용기 있는 행동도 보여줄 수 있다. 화장기 없는 얼굴로 바깥에 나갔을 때 알아보는 사람이 있는 것만큼 기쁜 일이 또 있을까!

성찰의 여백

- 어렸을 때 변장하는 것을 좋아했는지 떠올려보자. 학교 축제 때 입었던 옷을 기억하는가? 그때 당신은 어떤 옷을 입었고 어떤 분장을 했는가? 변장한 모습을 볼 때의 기분은 어땠는가?

- 미용사가 당신에게 아주 잘 어울리는 헤어스타일과 염색 색상을 알려준다. 빨간색으로 염색하면 아주 잘 어울리겠다고 추천한다. 색상 자체는 마음에 들지만 '빨간 머리'를 소화할 수 있을지가 고민이다. 당신은 빨간색으로 염색을 하겠는가?

잡지를 집어 던지고
거울을 보라!

오늘날의 유행을 정의한다는 것은 어려운 일이다. 어쩌면 유행이 없다고 말하는 것이 더 정확할지 모른다. 오직 매출 올리기에만 급급한 패션 업계는 계절마다 새로운 색상과 디자인을 선택해 유행을 창조해낸다. 그럼에도 매년 유행하는 옷의 종류에는 그리 차이가 없다. 미니스커트뿐만 아니라, 모든 길이의 스커트가 유행인 것 같다. 더구나 청바지의 인기는 수그러들 줄을 모른다. 또한 목선이 깊이 파였든 목 끝까지 올라오든 취향대로 골라 입으면 된다. 패션 업계가 성공하려면 '양성적인 옷'을 만들어야 한다. 그렇지 않으면 옛날 디자인을 그대로 카피했다는 소리만 듣게 될 것이다.

앞서 우리가 외모 지상주의 시대에 살고 있다고 언급했지만 예외인 곳이 있다. 바로 사무실이다. 직장 여성들은 마치 모두 유니폼을 입고 있는 것처럼 옷차림에 개성이 없다. 흰색 블라우스와 남색 또는 어두운 회색 톤의 하의나 재킷을 선호한다. 그나마 멋 좀 부릴 줄 안다는 여성이라면 스카프도 두른다. 직장 여성의 패션이 심플해진 데는 '여권 신장'이 한몫했다. 그에 반해 직장 남성의 패션은 점점 더 화려해지고 산뜻해지고 있으니 이거야말로 참 흥미롭지 않은가?

우리는 이제 쉰 살이 되었다. 그 기념으로 패션의 자유를 누려볼 생각은 없는가? 이러한 새로운 노력이 당신의 삶에 활기를 선사할지 모른다. 우리는 그동안 유행을 충실히 따를 뿐 튀는 패션은 거부했다. 가능하면 유행을 벗어나지 않되, 튀지도 않는 무난한 의상을 선호해왔다. 이를테면 긴 치마가 유행하면 모두 다 긴 치마를 입었다. 심지어 다리 라인이 예쁜 사람도 튀지 않겠다는 일념으로 굳이 긴 치마를 입었다. 반대로 짧은 치마가 유행하면 못난 다리를 감춰야 함에도 어쩔 수 없이 치맛단을 끌어올렸다.

진정 멋진 여성이란 무엇일까? 바로 자기 자기에게만 어울리는 나름의 패션을 아는 사람이다. 뮌헨에서 활동하는 한 여성 사진작가 이야기를 해보겠다. 그녀는 태어날 때부터 머리카락이 빨간색이었다. 그럼에도 독특한 디자인의 초록색 모자를 즐겨 썼다. 게다가 여기에 짙은 녹색 벨벳 재킷과 파스텔 녹색 바지 혹은 치마를 매치했다. 한마디로 그녀의 스타일은 난해했다. 유행과는 전혀 상관없는 특이한 색상, 찾아보기 힘든 옷감. 도대체 이런 옷들을 어디서 구한 걸까? 하는 생각이 절로 들었다.

당시 우리는 어울리든 그렇지 않든 그때 유행하던 점잖은 파스텔 톤의 옷을 걸치고 있었다. 때문에 그렇잖아도 창백한 얼굴이 더 창백해 보였다. 하지만 그녀는 마치 사바의 여왕처럼 미소 짓고 있었다. 어디서도 볼 수 없는 특유의 자신감으로 세상을 바라보고 있는 듯했다. 몇 년이 지나서야 그녀가 그 특별한 의상들을 어디에서 구했는지 알 수 있었다. 그녀가 입었던 그 독특한 옷은 모두 극장의 소품이었다. 대부분 아르데코 시대의 섬유로 만들어진 옷들로, 그 시절을 대표하는 색상을 띠고 있었다. 그 외의 몇 가지 옷들은 파리, 뉴욕 그리고 로마의 벼룩시장에서 샀다고 했다. 더러는 뮌헨 벼룩시장에서 구한 것도 있고 창고에 처박혀 있던 할머니의 옷상자에서 발견한 옷도 있다고 했다.

그녀처럼 어디에선가 특이한 것들을 찾아내어 스스로를 연출하기 위해선 특별한 재능이 필요하다. 하지만 쉰 살이 되면 어떤 원단이 자신에게 잘 어울리고 어떤 색상과 스타일이 자신의 개성을 살리는지를 알아야 한다. 개인 각자의 개성이나 체형은 고려하지 않은, 최신 유행하는 옷들과 코디 방법만이 실려 있는 패션 잡지는 그리 도움이 되지 않는다. 가령 나처럼 볼륨이 있는 사람들은 들러붙는 옷은 피해야 한다. 괜히 옷이 바짝 달라 붙어 몸매가 드러나면 보기 흉하니까 말이다. 반대로 날씬한 사람이 품이 넉넉한 옷을 입으면 예쁜 라인이 살아나지 않아 안타깝다.

우리 모두 체형이 다르고 저마다 스타일도 다르다. 거울을 잘 들여다보자. 패션 잡지에 실린 모델이 입은 옷을 따라 입을 생각이라면 그만두라. 대신 나 자신의 모습, 내 그대로의 매력을 보도록 하자. 화려한 패션 잡지를 지나치게 많이 보면 거울 속에 비친 자신을 바라볼 때 아쉬움만 남는다. 거울 속에서 자신만의 멋을 발견해보는 건 어떤가? 당신은 태어날 때부터 아름다운 사람이었다. 그리고 여전히 아름답고 앞으로도 아름다우리라.

- 어렸을 때 특히 좋아하던 옷 색깔이나 원단이 있었나? 나이가 들면서 그 취향이 변했는가? 혹시 스스로 보기 흉하거나 촌스러운 사람이라고 생각하는가? 만약 그렇다면 보기 흉하거나 촌스러운 사람으로 살아가는 당신은 행복한가?

- 각자 자신의 성향을 의류 원단에 비유한다면 당신은 무엇에 해당하는가? 벨벳? 실크? 울? 면? 마? 가죽? 그것을 고른 이유는 무엇인가?

마음은 은신처가 아니다

사람과 동물의 차이는 무엇일까? 아마 동물은 거짓말을 할 줄 모른다는 게 아닐까? 우리는 진실함이 그리운 나머지 애완동물에 그렇게 공을 들이고 있는지 모른다. 그들이 거짓말을 할 줄 모르는 순수한 존재이기 때문에. 내숭이 무엇인지 모르는 동물이 사람보다 진실한 상대인 건 분명한 사실이리라. 그렇다, 사람은 동물들처럼 정직하지 못하다. 그래서 우리는 나름대로 타인의 마음을 꿰뚫어보는 방법을 터득하기도 한다. 흔히 거짓말을 하는 사람은 귓불을 잡아당기거나 눈동자가 흔들린다. 괜스레 손을 비비기도 한다. 말과 생각이 일치하지 않는 것을 확인하는 방법도 여러 가지다. 도서관에 한번 가보자. '거짓말하는 사람의 태도'를 연구한 관련 책들만 해도 한두 권이 아닐 것이다.

우리는 매력에 대해서도 고민한다. 매력적으로 보이기 위해 당신 역시 예쁘게 화장하고 피부를 손질하고 아름다운 의상을 입을 것이다. 구체적으로는 눈썹 라인을 어떤 색으로 표현하느냐에 따라 예뻐 보이기도 하고 미워 보이기도 하여 고민한다. 그런 당신에게 '아름다움이란 외면이 아닌 내면에서 나오는 것이다'라는 말은 그야말로 진부하기 그지없는 말이다. 하지만 틀린 말이 아니다. 진정한 매력은 깊은 내면으로부터 나온다.

당신은 지금 누군가와 대화를 나누는 중이다. 상대방의 눈빛은 냉정하다. 친절한 듯 웃고는 있지만 왠지 차가운 느낌은 떨쳐버릴 수 없다. 또한 듣기 좋은 목소리로 말하고 있지만 인상은 결코 따뜻하지 않다. 게다가 상대방은 당신의 눈을 쳐다보지 않고 있다. 이때 우리는 대개 이렇게 말한다.

"왠지 믿음이 안 가는 사람이야."

이처럼 진실하지 않은 사람은 대부분 말과 눈빛이 일치하지 않는다.

당신의 눈을 똑바로 바라보지 못하는 상대방은 원래 주위가 산만한 사람일 수 있다. 아니면 고민이 많아 당신과 나누는 대화는 그저 형식적으로만 이어지고 있을지도 모른다. 대화를 하면서도 생각이 다른 곳에 가 있는 사람은 결코 매력적일 수 없으며, 겉과 속이 달라 보이는 사람들을 상대하면 혼란스럽다. (물론 사람 속을 꿰뚫어본다는 것은 쉬운 일이 아니지만.) 애인을 찾고 있는 사람들은 저마다 이성에게 '나는 혼자예요. 애인을 찾고 있어요'라는 신호를 보낸다. 이때 상대방의 눈을 잘 들여다보자. 그 눈 속에는 그 사람이 싱글인지, 결혼을 했는지, 애인이 있는지 등의 정보가 고스란히 담겨 있다. 사랑하는 사람과 헤어진 사람, 사랑하는 사람이 세상을 떠나 홀로 남겨진 사람의 눈빛 속엔 외로움과 뭔지 모를 그늘이 드리워진 듯하다. 이들은 새로운 사람을 갈구하는 것 같기도 하고, 다른 한편으론 '난 사랑하는 사람이 있어요'라는 말을 하는 것 같기도 하다. 이는 말을 넘어서 직감으로 알 수 있다. 인간은 참으로 예민한 존재다.

우리는 진실을 가슴 깊숙이 밀어 넣어놓고 겉으로 표시 나지 않게 하기 위해 갖은 애를 쓰고 있다. 가슴은 새카맣게 타고 있는데 얼굴은 활짝 웃고 있는 것이다. 사람들은 이렇게 감정을 억누르는 것에 익숙해져버렸다. 억지로 '아무 일도 없다'고 주문을 걸지만, 막상 행동은 생각만큼 쉽지 않다. 우리의 생각과 행동은 이렇게 서로 다르다. 고민이 있으면서도 아무 일 없는 듯 행동하는 당신, 스스로 진절머리가 나지 않는가?

그렇다고 고민을 하지 말고 살라는 말은 아니다. 깨끗한 영혼을 소유한 매력적인 사람은 고민도 안 하고 살 것 같아 보이나, 사실은 그렇지도 않다. 어려움이나 고민은 우리 삶에 없어서는 안 되는 요소이다. 고민이 없는 사람은 죽은 것이나 마찬가지다. 우리는 다른 사람들과 교제하면서, 그들과 더불어 살아가면서 우리의 문제점을 스스로 인식할 줄 알아야 한다.

매력적인 사람은 자신감이 넘치고 사랑이 충만하며 자기 자신을 사랑한다. 그래서 그들은 생각을 감추지 않는다. 깨끗한 영혼을 소유한 사람으로, 굳이 매력적으로 보이기 위해 꾸미지도 않는다. 억지로 꾸미는 것보다 있는 그대로의 모습이 진정 매력적이라는 것을 그들은 이미 알고 있다. 그들에게서 뿜어져 나오는 광채는 노력한다고 해서 만들어지는 게 절대 아니다. 우리는 눈동자를 바라보면서, 행동과 제스처를 관찰하면서, 그리고 목소리의 떨림을 느끼면서 상대방의 진실을 느낄 수 있다. 듣고 보는 동안 우리의 직감은 그 이상의 것을 느낀다. 하늘과 땅 사이, 그리고 사람과 사람 사이엔 측정 불가능한 신비한 에너지가 존재한다.

진실한 것이 매력적이라고 해서 모든 생각을 겉으로 표현하라는 말은 아니다. 물론 상대방이 신뢰할 수 있는 사람이라면 얘기는 달라진다. 선택은 당신의 몫이다. 순수한 마음의 소유자라면, 당신의 눈동자도 순수한 광채를 발하리라. (눈은 마음의 거울이라고 하지 않던가.) 마음을 한번 활짝 열어보자. 그 하나만으로도 당신은 자신만의 매력을 발산할 수 있을 것이다. 미인 대회에서 상을 받았는지 못 받았는지 따위는 문제되지 않는다. 우리 나이가 되면 진실함이 얼마나 아름답고 소중한 것인지 자연스럽게 깨달을 수 있고, 이러한 깨달음을 통해 당신은 매력으로 충만해질 수 있다.

성찰의 여백

- 어렸을 때 화를 냈던 기억을 더듬어보자. 폭발할 것 같은 감정을 어떤 방식으로 표현했었는가? 물건을 내던졌는가? 바닥에 뒹굴며 큰 소리로 울었는가? 소리를 질렀는가? 작은 소리로 흐느꼈는가? 아니면 아무 말도 하지 않고 그냥 구석에 처박혀 있었는가? 그때 부모님의 반응은 어땠는가?
- 현재 인생에서 가장 심각한 문제에 직면해 있다고 가정해보자. 당신은 다음 중 어떤 방법으로 해결할 것인가?
  - 문제가 무엇인지 상세하게 적고, 철저하고 객관적으로 분석해본다. 상대방과 진실한 대화를 나눈다. (물론 솔직하게 대화한다는 것 자체가 부끄럽고 어색하겠지만 말이다.)
  - 평생토록 상대방의 불평을 들어주는 것을 내 의무라 받아들이고, 꾹 참고 산다.

34

스스로를
인정하라

세상은 결코 당신을 중심으로 돌아가지 않는다. 우리는 각자의 경험과 각자의 환경 그리고 각자의 생각을 기준으로 살아간다. 마치 모든 것이 자신을 기준으로 돌아간다고 여기면서 말이다. 어린 시절 우리는 이기주의나 자기중심주의는 나쁜 것이라고 배웠다. 이러한 교육은 우리가 자신감 넘치는 건강한 인격체로 성장하는 데 커다란 걸림돌이 되었다. 우리는 건강한 자신감이 무엇인지 모른다. 스스로를 신뢰하는 것이 무엇인지조차 알지 못한다. 이 얼마나 답답한 노릇인가. 대개 자기 자신을 사랑할 줄 모르는 사람은 남에게 인정받고자 하는 욕구가 지나치게 강하다. 그렇다 보니 자연히 자신감도, 매력도 떨어질 수밖에 없는 것이다.

젊은 사람이 자신감이 없고 쑥스러움을 많이 탄다면 귀엽기라
도 하다. 하지만 쉰 살이 되어서까지 소녀처럼 부끄러워한다면 보
기 흉하지 않겠는가? 어떤 상황에서도 냉정을 유지할 수 있는 차
분함과 자신감을 갖추어야 하지 않을까? 낯선 사람이 말을 건다
고 해서 새빨개진 얼굴을 한 채로 스스로를 평가절하 할 필요는
없다. 물론 자신감을 키우기 위해서는 나약함을 극복하는 과정을
거쳐야 한다. 그렇다고 지나치게 자신감 있는 척을 하라는 이야기
는 아니다. 과하지 않은, 있는 그대로의 모습이 가장 아름답다.

자신감이 부족한 성격을 극복하려면 그 원인이 무엇인지부터
파악해야 한다. 회의 때마다 다른 사람의 눈에 띄지 않으려고 뒷
자리에 숨어 앉는 사람들이 있다. 이들은 보통 자신이 남들에게
인정받지 못한다고 생각한다. 타인의 기대에 부응하기엔 자신의
능력이 턱없이 부족하다고 믿는 것이다. 이들은 어렸을 때부터
칭찬받은 경험이 거의 없다고 봐도 무방하다.

가족이나 선생님 등 주위 사람들이 당신을 차분히 이끌어주지
않았다면 자신을 스스로 돌볼 수밖에 없었을 것이다. 자신감이
지나치게 결여된 사람이라면 심리학자나 상담자의 도움을 받는
것도 좋다. 원인을 아는 것만으로도 반은 성공한 셈이니 말이다.
모든 원인을 어린 시절로 돌리지 마라. 성인 시절의 경험도 성격

형성의 중요한 원인이 될 수 있다.

부모님에게 질책받을 나이도 지났다. 그리고 학교에서처럼 누가 점수를 매기지도 않는다. 당신의 행동이 이렇다 저렇다 손가락질할 사람도 없다. 그러니 지금부터라도 자신감을 갖는 연습을 해보자. 사람은 잘못된 판단을 할 수도 있고 실수도 할 수 있다. 당신이 실수나 잘못을 해서 사랑받지 못한다고 생각하는가? 만약 그렇다면 당신의 자신감에는 이미 문제가 있는 것이다. 우리는 살아가면서 적당히 포기할 줄도 알아야 한다. 만인에게 사랑받는 사람이 모든 이들의 놀림감이라는 말도 있지 않은가. 세상은 수많은 시도와 실수로 이루어진 결과물이며 우리는 그중 한 부분일 뿐이다.

사람들은 사랑받길 원하지만 자신이 사랑을 줄 수 있다는 사실은 잊은 채 살아간다. 자기 자신을 사랑하는 일, 우리부터 시작해보는 건 어떨까? 세상에 재능 없는 사람은 없다. 각자가 존재하는 특별한 이유가 있고 저마다 각기 다른 능력과 매력이 있다. 그러므로 무조건 자신을 과소평가하여 시도조차 하지 않는 건 바보 같은 짓이다.

한 랍비가 수년 동안 로또 당첨을 꿈꾸며 쉬지 않고 기도했다고 한다. 어느 날 하늘에서 그에게 외치는 소리가 들렸다.

"이놈아, 로또를 사야 내가 어떻게라도 해볼 것이 아니더냐?"

당신은 자신감이 뭐라고 생각하는가? 자신감이란 타인의 입장이나 의견에 무조건적으로 동의하는 것이 아니라 자신의 생각을 표현할 줄 아는 용기를 말한다. 물론 자칫 잘못하면 창피를 당할 수도 있다. 하지만 우리는 정치인이 아니며 우리로 인해 세상이 멸망할 일도 없다. 자기 자신을 인정한다는 것은 곧 타인을 인정한다는 뜻이다. 이제 스스로를 인정하는 방법도 알아야 하지 않을까? 그 사실을 안다는 것만으로 당신은 행복해질 수 있다. 이제 행동에 옮기는 일만 남지 않았는가?

성찰의 여백

- 어렸을 때 정말 창피했던 일을 기억해보자. 그리고 처음으로 스스로 자랑스럽다고 생각했던 순간을 떠올려보자.
- 당신은 내일 대통령을 대신해 대국민 새해 인사 연설을 해야 한다. (거절할 수 없는 상황이라고 하자.) 연설문은 이미 준비되어 있지만 내용은 당신의 생각과 전혀 무관할 뿐만 아니라 영 맘에 들지가 않는다. 당신은 이 연설문을 그대로 낭독하겠는가, 아니면 새로운 연설문을 쓰겠는가?

35

태양의 여유를
닮아라

중년의 나이가 되면 젊은 시절엔 몰랐던 태연한 자세를 갖게 된다. 하지만 어떤 상황에서나 태연할 수 있다는 것은 말처럼 쉬운 일이 아니다. 어쩌면 최소한 예순은 되어야 능숙해지는 능력이 아닌가 싶기도 하다.

태연한 자세란 무엇일까? 화가 치밀어도 꾹 참고 얼굴을 씰룩쌜룩하면서 참는 것은 태연함이 아니다. 성숙한 사람들이나 진실로 태연할 수 있다. 아이들을 데리고 수 시간 동안 자동차로 여행을 해보자. 10분마다 "다 왔어요?"라고 묻는 게 아이들이다. 하지만 여유로운 사람은 이런 질문을 하지 않는다. 태연함은 인내심과 관련성이 크다.

태연함은 차분한 가운데 그 에너지를 발휘하며, 충분한 인생 경험이 있어야 얻어지는 현명함이다. 통조림 뚜껑을 열 때 서두르거나 안절부절못한다고 해서 빨리 열어지던가? 결코 그렇지 않다. 무슨 일에든 침착한 태도가 가장 바른 해결 방도가 되는 법이다. 고장 난 물건도 침착한 남자의 손에 닿으면 금세 멀쩡해진다. 이런 걸로 봐서는 남자들이 여자들보다 더 똑똑한 면도 있지 싶다. 어쨌든 이렇게 침착하고 태연한 사람은 여간 매력적인 게 아니다.

어릴 적 나는 기차 시간이 늦을까 두려워 할아버지 품에 안겨 엉엉 운적이 있었다. 그때 할아버지는 이렇게 말씀하시면서 나를 위로했다.

"우리가 미리 역에 도착한다고 해서, 기차가 제시간보다 더 일찍 떠날 일은 없겠지?"

침착하지 못해서, 태연하지 못해서, 인내심이 없어서 망치는 일이 한두 가지가 아니다. 오븐으로 케이크 만드는 과정을 생각해보라. 익었는지 확인해보려고 오븐 문을 너무 자주 열면 그 속에서 잘 익고 있던 케이크는 부풀어 오르다가 쭈그러지고 만다. 그래서 어떤 빵집의 요리사는 '오븐 문을 자주 열면 케이크가 망가집니다'라는 경고문을 붙여놓는다고 한다.

막 사랑이 싹튼 사람들 사이에서도 인내심의 결여로 사랑이 깨지는 경우가 많다. 예를 들어 남자가 여자에게 전화하겠다고 약속했다고 하자. 하지만 여자는 그 전화를 기다리지 못하고 남자의 전화번호를 누른다. 마침 중요한 회의에 참석 중이었던 남자는 적절하지 않은 시간에 전화를 건 인내심 없는 여자에게 실망하고 만다. 이 얼마나 안타까운 일인가.

얼마 전에 햇살이 잘 드는 창가에 토마토 씨를 뿌렸었다. 성미가 급한 나는 새싹이 났는지 확인하려고 하루에도 몇 번씩 창가로 달려갔다. 남편과 아이들은 이런 내 행동을 보면 답답하다는 듯 고개를 저었지만 나는 아랑곳하지 않았다. 더구나 날씨가 쌀쌀해지고 바람이 많이 불어 걱정스러운 나머지, 화분을 다시 집 안으로 들여놓기도 해보고 다시 내놓기도 했다. 그 탓에 이미 폈어야 할 꽃도 한참 후에서야 폈다. 뿐만 아니라 화분 주변에 벌이 한 마리도 보이지 않아 과연 열매가 맺힐지 걱정이 이만저만이 아니었다. 토마토 이야기를 다 하려면 아마 책 한 권을 써도 모자랄 테지만, 이 이야기만으로도 당신은 내가 태연함과 얼마나 거리가 먼 사람인지 금세 짐작했을 것이다.

태연함을 기를 수 있는 명상법이 몇 가지 있다. 그중 하나가 해가 떠오르기 전에 일어나서 일출을 기다리는 것이다. 어둠이 짙

게 깔렸던 세상에 점차 파란 빛이 돌면, 잠시 후 은색의 수평선 위로 복숭앗빛 태양이 아주 천천히 위로 상승하는 것을 볼 수 있다. 태양은 태연함이 뭔지, 그리고 그 안에서 느껴지는 평온함이 무엇인지 알고 있는 듯하다. 일출 광경을 보고 있노라면 태양의 거대한 침착함에 압도되는 듯한 감동을 경험할 수 있다. 여유로움이라고는 없는 바쁜 일상 속에서 파도치는 모습을 한번 바라보자. 달의 인력에 의해 파도가 몰려오는 모습을 바라보고 있노라면, 나의 운명조차도 내 자신이 아닌 어떤 막강한 에너지에 의해 움직이고 있을지 모른다는 생각이 들게 마련이다.

새가 가지를 하나씩 모아다가 정성껏 새집을 짓는 모습을 본 적이 있는가? 가지와 풀을 입으로 물어다가 마침내는 보금자리를 완성한 어미새는 그 안에서 조만한 새끼들을 품고 먹이를 물어다 나른다. 먹이를 모으느라 부지런히 움직이는 새들을 바라보면 내면의 속도가 서서히 느려지고 점차 편안함을 느끼게 된다.

심장 박동은 우리의 건강을 반영한다. 마음의 여유가 생명과 직결된다는 교훈을 주는 '아프리카의 사형 방법'이 있다. 한 아프리카 종족은 사형수를 나무에 묶고 수 시간 동안 큰 소리로 북을 친다고 한다. 그러다 갑자기 북 치는 것을 멈추는데, 이때 사형수의 심장도 곧바로 멈춘다. 이 이야기가 진실인지는 나도 알 수 없다.

하지만 이 이야기를 통해 우리는 우리 몸이 얼마나 스트레스에 민감한지 배울 수 있다. 스트레스에 묻혀 사는 사람이 휴가 첫날 심근경색으로 사망하는 경우가 많다는 사실도 그것을 반증한다.

여유 있고 신중한 모습, 중심을 잃지 않고 쉽게 쓰러지지 않을 듯한 그 모습은 상당한 매력을 발산한다. 자, 이제 연습을 시작해보자. 처음부터 잘하는 사람은 없다는 것을 위안 삼아 끝까지 포기하지 않았으면 한다.

성찰의 여백

- 어렸을 때 부모님과 함께 그림책을 봤던 기억이 나는가? 당신은 인내심 없이 책장을 넘겼는가, 아니면 매번 같은 페이지를 볼 때마다 새로운 것을 발견하고 질문을 했는가?
- 당신은 얼마 전 응모했던 아주 비싼 여행 상품권 이벤트에서 당첨이 되었다. 다음 두 가지 항목 중 하나를 선택하라면 당신은 무엇을 택하겠는가?
  - 10일간의 세계일주 상품권
  - 가이드 동반 4주 여행 상품권(단, 한 국가만 선택 가능)

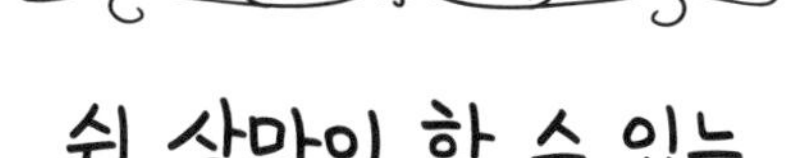

쉰 살만이 할 수 있는
아주 특별한 여행

우리는 소위 세계화 시대에 살고 있다. 하지만 여전히 고리타분한 여행 방식만 고집하고 있다. 휴가철마다 열심히 가방을 싸서 세계 도처로 떠나는 사람들, 그들은 분명 '세상은 넓고 지구는 둥글다'는 사실을 누구보다 더 잘 알고 있을 터이다. 게다가 자칭 여행 전문가라는 사람들은 자기들은 안 가본 곳이 없다고 떠들어댄다.

세계 여행 전문가로 유명한 게르하르트 폴트Gerhard Polt는 다시는 가고 싶지 않은 곳을 꼬집어 말하기도 한다. 이렇게 여행은 흥미진진하면서도 실망스러운 부분도 없지 않다.

당신은 아마 불쌍하리만큼 햇볕에 벌겋게 그을린 사람들을 본 적이 있을 것이다. 여행은커녕 집 안에만 콕 박혀 있었지만 마치 휴가를 다녀온 것처럼 보이고 싶어, 선탠 기계나 햇볕이 잘 드는 벤치에 누워 오일을 바른 채 열심히 태운 사람들 말이다. 그들은 전 세계를 다 다녀본 것처럼 예사롭게 떠들어대지만 실상 그들이 본 건 텔레비전 여행 프로그램이 전부다.

여행지에 대한 이해와 진지한 관심 없이 가이드 뒤만 졸졸 쫓아다니거나 여행 책자만 뒤적거리는 여행자는 어딜 가나 꼭 있게 마련이다. 이들은 '새로운 나라를 여행했더니 그곳 음식이 그립다'면서 외국 레스토랑을 찾는다. 그리고 약속이라도 한 듯 다들 이렇게 말한다.

"현지 음식 맛이랑은 전혀 다르네? 우리나라 사람들 입맛에 맞게 요리했나 보군."

별 의미도 없이 잠깐 다녀온 그 나라에 대해 모든 것을 아는 양 거드름을 피우는 것이다.

외국 여행을 다녀온 뒤에 잊지 않고 친구들을 초대하는 사람들도 있다. 그들은 현지의 레시피대로 요리를 해준다면서 자신만만해한다. 그렇다면 초대된 친구들은? 완성된 요리의 맛이 어떨지 뻔히 알면서도 쉽게 거절하지 못한다. 게다가 식사 후에는 피할 수 없는 과정이 기다리고 있으니, 바로 여행지 사진 및 비디오 감상이다. 그야말로 고도의 인내력이 요구되는 순간이다. 여기서 끝이라면 그나마 다행이다. 심지어 여행을 다녀온 친구가 현지에서 구입했다는 '오리지널 카펫'에 앉아, 대충 흉내만 낸 쿠스쿠스(굵은 밀가루와 그 외의 재료를 첨가해 만든 북아프리카의 요리 — 옮긴이)까지 먹어야 한다면…… 고문이 따로 없다.

이제 우린 성숙한 쉰 살이 되었다. 그만큼 여행하는 자세도 성숙해져야 한다. 진정으로 외국에 나가 많은 것을 보고 경험해본 사람은 구구절절 떠들지 않는 법이다. 남들에게 자랑하기 위해 여행길에 오르는 것이 아니니까 말이다. 삶을 깨우친 자만이 진정한 여행가가 될 수 있다. 그들은 여행을 떠나기 전, 자신이 왜 그 여행길에 오르는지 잘 알고 있다.

아이와 동행한다면 어쩔 수 없이 모래사장이 있는 해변을 선택할 것이다. (휴가 하면 다 비슷비슷한 해안들만 떠오르는 이유가 그래서일 것이다.) 하지만 우리와 함께 그렇게 해변을 찾던 아이들은 어느새 다 커서 우리를 떠났다. 그들은 이제 배낭을 메고 세계 곳곳을 찾아 홀연히 떠난다. 우리도 이제 새로운 방식의 여행을 시도해보는 건 어떨까? 이를테면 '진정한 기쁨'을 찾아 여행을 떠나보는 것이다. 물론 쉬운 일은 아니다. 우선 당신은 여행사에 전화하기 전에, 여행을 가려는 목적이 무엇인지부터 깊이 생각해봐야 한다.

정말 멋진 여행을 하기 위한 괜찮은 연습 방법이 하나 있다. 장

거리 여행보다는 가까운 도시로 주말여행을 떠나보자. 그리 멀지 않은 도시를 하나 정하되, 가능하면 여행객이 많은 시즌은 피한다. 그 장소를 진정으로 즐기고 싶은가? 그렇다면 '여행객'이 아닌 '방문자'가 되어보자.

베니스는 진정 아름다운 도시이다. 베니스를 방문해본 사람이라면 누구나 그 아름다운 도시에 중독되고 만다. 회색빛과 핑크빛에 사로잡힌 베니스는 11월에, 핑크색과 노란색 그리고 파란색이 절묘하게 어울리는 아름다운 광경은 1월에나 볼 수 있다. 카도로(Ca'D'oro, 황금의 집 — 옮긴이)의 뒤편에서는 작은 식당에서 시장을 본 후 잠시 휴식을 취하는 베니스 사람들의 정경을 볼 수 있다. 서로 환하게 인사를 주고받는 모습, 고개를 끄덕이며 대화를 나누는 모습, 마주보고 미소를 짓는 모습 등을 바라보고 있노라면 저절로 가슴이 벅차오른다. 이런 베니스의 분위기는 굳이 사진이나 비디오를 찍지 않아도 평생 가슴에 남는다. 리스본이나 파리, 또는 비엔나나 바르셀로나, 런던 혹은 그 어딜 가든 비슷한 감동과 여운을 느낄 수 있을 것이다.

여행객으로서 대접받는 데 급급하다면 결코 이처럼 소박하면서도 특별한 느낌을 경험하기 어렵다. 방문하는 도시의 일상을 그들과 함께 보내고자 하는 마음으로, 그곳의 분위기를 있는 그대로 느껴보자. 여행객이 아닌 방문자로서 새로운 곳을 찾아가면 그만큼 그곳의 진정한 가치를 느낄 수 있다. 아울러 이런 방법으로 여행을 한 여행자는 주위 사람들에게 지루한 여행 사진이나 여행 비디오를 보여주며 부담을 주지 않는다. 그보다는 직접 느낀 감동을 흥미롭게 전달한다. 텔레비전이나 책에서 볼 수 있는 것이 아닌, '특별한 감동' 말이다. 이런 성숙한 여행을 즐기기에는 지금이 가장 적당하다. 젊었을 때 우린 너무 욕심이 많았다. 게다가 인내심은 턱없이 부족하지 않았던가.

성찰의 여백

- 어린 시절 부모님과 함께 떠났던 첫 번째 여행지를 기억해보자. 낯선 주변 환경, 처음 먹어보는 음식, 그곳 주민들이 사용하는 낯선 억양과 사투리까지. 이런 것들이 당혹스러웠는가, 아니면 감동적이었는가?
- 송년 파티에 참석했는데 두 테이블에만 빈 의자가 남아 있다고 하자. 그중 한 자리에는 지루해 보이는 우리나라 사람들이 앉아 있고, 다른 자리엔 외국어를 사용하는 흥미롭고 유쾌한 사람들이 앉아 있다. 당신은 어떤 테이블을 선택하겠는가?

고향에 대한
뜻 깊은 사색

우리에게는 저마다 집이 있다. 그렇다면 마음의 집, 즉 고향을 마음에 간직하고 사는 사람은 얼마나 될까? 물론 마음속에 고향이 없다는 사실은 현대를 살아가는 우리에게 그리 놀라운 일이 아니다. 자신이 태어난 집에서 줄곧 살고 있는 사람은 거의 없을 테니 말이다. 고향을 떠나 살아가는 사람들에겐 제2의 고향이란 게 생긴다.

옛날에는 삶의 불확실성과 식량 부족 등의 이유로 이주를 했지만 오늘날은 좀 다르다. 공부를 하기 위해, 더 나은 직장을 구하기 위해 사람들은 아무리 먼 곳으로라도 기꺼이 떠난다. 아마도 오늘날처럼 이렇게 많은 사람들이 자신의 고향을 떠난 적도 드물 것이다.

수도권 사람들이 한 탁자에 모여 앉아 있다면 아마 그중 과반수는 지방에서 온 사람들일 것이다. 어느 대도시를 가건 마찬가지다. 비록 지방에서 태어났지만 그들은 진짜 도시인보다 더 도시인 같다. 또한 그들은 모두 그 도시의 시민이 된 것을 자랑스럽게 생각한다.

우리는 미래에 대한 커다란 희망을 가슴에 품고 대도시로 이주해 익명성을 누리며 살아왔다. 우리 세대의 기여로 도시의 발전과 혁신이 가능했다고 해도 과언이 아니다. 지방에서 도시로 온 사람들은 대부분 자유와 성공을 꿈꾼다. 그런 사람들에게 고향은 다시 돌아갈 곳이 아니라, 어쩌다가 가족과 친척을 만나기 위해 그저 방문하는 곳이 되고 만다.

나이가 어린 사람들은 자신의 고향에 대해 '지루하고 작은 촌마을'일 뿐이라며 불평한다. 우리가 젊었을 때도 마찬가지였다. 하지만 쉰 살이 되면, 고향을 바라보는 시각이 달라진다. 왠지 고향의 친지나 동창, 동네 사람들의 소식이 궁금해진다. 더불어 나 자신이 어디서 왔는지도 다시 한 번 돌아보게 된다.

나는 고향을 두 번이나 떠났다. 오스트리아의 한 시골 마을에 살았던 우리 가족은 내가 네 살 때 도시로 이사를 갔다. 그리고 난 성인이 된 후 독일의 뮌헨으로 이주했다. 남편도 마찬가지로 고향을 떠나 뮌헨으로 이주해온 사람이다. 우리는 같은 고향 출신은 아니었는데, 고깃국을 만드는 방법이 똑같다는 사실을 알고는 깜짝 놀라 크게 웃은 적이 있다. 하지만 내가 사용하는 사투리를 남편이 전혀 알아듣지 못해서 또다시 흠칫 놀라기도 했다. 물론 비슷한 사투리와 다른 사투리를 알아나가는 것도 참 재미난 일이었다. 그러던 어느 날 갑자기, 이미 30년 전에 떠나온 고향 소식이 궁금해졌다.

나는 작년에 아주 특별한 여행을 했다. 30년이 넘도록 찾아가지 못했던 고향을 방문한 것이다. 한 번도 내 고향 오버외스터라이히주에 가보지 못한 내 남편과 오랫동안 고향을 방문하지 못한 어머니, 그리고 나를 위한 특별한 여행이었다. 그때 나는 친척들을 코앞에 두고도 전혀 알아보지 못했다.

난 넓디넓은 초원 위에 서 있었다. 어렸을 때 할아버지의 농장이 있던 자리였다. 바로 그곳에서 엄마와 이모, 외삼촌이 성장하셨다. 물론 나도 그곳에서 태어났다. 하지만 그 자린 텅 비어 있었다. 나는 한참 동안이나 초원 위에 서서 생생한 기억을 떠올렸다. 집 앞의 밤나무, 맥주 통으로 만들어진 탁자와 벤치 그리고 오리들이 헤엄치던 연못. 도대체 그 아름다운 것들은 다 어디로 사라져버린 것일까?

만약 우리가 어디에서 왔는지에 대한 철학적인 사색을 시도한다면, 대개의 현대인들은 지나치게 감상적인 짓이라며 비웃을 게 분명하다. 하지만 자신의 뿌리를 찾고자 하는 호기심을 통해 우리는 자신에 대한 인식이 변화하는 과정을 경험하게 된다. 마치 잃어버린 퍼즐 조각을 다시 찾은 것처럼 말이다. 우리는 이러한 인식을 통해 앞으로 한 발짝 더 나아갈 수 있다.

성찰의 여백

- 고향과 관련된 기억 가운데 가장 오래된 것이 무엇인지 생각해보고 그 상황을 설명해보자.
- 누군가가 당신에게 "어디 출신인가요?"라고 물으면 당신은 어떻게 대답하는가? 당신 고향의 지역 명을 말하는가, 근처의 큰 도시 이름을 말하는가? 아니면 지금 살고 있는 대도시의 이름을 얘기하는가?

38

자연 그대로의 것이
바로 로맨스

우리는 밤이 낮처럼 되어버린 세상에 살고 있다. 전기 스위치 하나로 어두운 밤을 환하게 밝힐 수 있으니 말이다. 또한 가스레인지 대신 핫플레이트를 사용한다면 타오르는 불을 볼 일이 거의 없을 것이다. 하지만 누구나 촛불을 바라보며 추억에 잠겨본 적이 있으리라. 그래서 음식 테이블에 놓인 촛불을 보면 그렇게도 마음이 설레나 보다.

유년 시절, 부모님에게 '불장난하면 오줌 싼다'는 말을 들으며 불을 갖고 노는 일은 일체 금지되어 있었다. 당시에는 그것이 그다지 아쉽지 않았다. 하지만 지금 우리는 타오르는 촛불에 대한 열망을 갖고 있는 한편, 추억에 잠기면 현재를 냉정하게 바라보는 객관성을 잃을지도 모른다는 두려움 또한 갖고 있다.

낭만주의는 합리주의나 산업화에 대한 반항이었다. 낭만주의 시대의 남성들은 지나간 중세시대를 찬양하며 중세의 '기사의 성'을 재현하기도 했다고 하니 그 열정이 대단했던 것 같다. 진보하는 사회에서 그들의 삶은 더욱 고단해졌을 것이며, 현실로부터 도피하고 싶은 열망은 커질 수밖에 없었으리라. 그들은 이미 지나간 중세시대를 찬양하면서 힘겨운 현실의 삶으로부터 자유로워지길 희망했다.

순간순간 빠르게 변하는 현대의 바쁜 일상 속에서도 서점의 로맨스 코너를 찾는 이유가 무엇이겠는가?

옛날에는 소식과 정보를 직접 발로 날랐다. 그렇기에 전달되는 내용에 대해 다시 재고할 수 있는 여유가 있어 좋았다. 이처럼 옛날의 것들이 무조건 고리타분하고 나쁘다고는 할 수 없음에도 "옛날엔 참 좋았어"라는 말이 여전히 구태의연하게 들리는 것은 사실이다.

낭만적인 촛불은 잠시 잊더라도, 쉰 살이 되면 절대 잊지 말아야 할 게 있다. '옛날'이란 '이미 지나가버린 과거'의 의미만은 아니라는 것. 현대인의 달력에는 전통적인 명절이 빨간색으로 표시되어 있다. 적어도 이런 날만큼은 친척들이 다 함께 모여 제사를 지내고 놀이를 하는 풍습도 있다. 그런 시간을 통해 자유롭게 대화하고 어울림으로써 서로를 더 깊이 이해할 수 있는 것이다.

정확히 어떤 성분이 들어 있는지 확인조차 할 수 없는 패스트푸드나 인스턴트 음식을 먹는 대신 자연 그대로의 음식 재료를 이용해 요리하는 것은 결코 유난스런 행동이 아니다. 그런데 이미 그런 음식들에 너무 길들어버린 아이들은 유통기한이 매우 긴 우유나 저온 혹은 고온 처리된 우유만 먹어온 나머지 신선한 자연 그대로의 젖소 우유를 마시려 하지 않는다. 아이들은 블루베리나 버섯이 동네 마트나 슈퍼에서 자라는 줄 안다. 산에서 산딸기나 버섯을 직접 땄다는 할아버지와 할머니의 경험담은 그저 옛날 옛적 이야기일 뿐이다. 더욱이 요즘 아이들은 싱싱한 산딸기는 맛이 없다며 뱉어버린다. 설탕이 많이 들어간 통조림 과일에 익숙한 아이들 입맛에는 싱거울 수밖에.

땅에서 막 뜯어낸 풀의 향기와 마른 풀 향기를 구분할 줄 아는 사람이 몇이나 될까? 사람들은 소금 외에도 수많은 허브 양념이 있다는 사실을 모른 채 살고 있다. 뭐, 아무래도 상관없다. 다만, 자연 그대로의 재료로 음식을 해먹는 것이 여러모로 유익한 것만큼은 분명하다.

지금 우리에겐 세상을 바라보는 성숙한 시각이 필요하다. 쉰 살이 된 기념으로 우리 주변의 모든 인공적인 것들을 거부해보는 건 어떨까? 당신은 곧 그동안 즐겨 찾던 것들이 진품이 아닌 모조품임을 깨달을 것이다. 진품을 구별할 줄 아는 판단력을 얻는 것 또한 쉰 살에 누릴 수 있는 축복 중 하나이리라.

성찰의 여백

- 어릴 적 배웠던 동요나 트로트가 기억나는가? 그렇다면 그 노래를 지금 불러보자. 도입부 가사도 함께 적어보라.
- 친구들을 초대해 생일 파티를 한다면 당신은 다음 세 가지 중 어떤 파티를 선택하겠는가?
  - 촛불이 놓인 식탁과 라이브 음악
  - 중세 시대에 지어진 성에서 중세 음악과 함께하는 새끼 돼지 구이 파티
  - 별 세 개짜리 호텔 레스토랑에서의 식사

39

친절해져라

우리는 자신의 진정한 모습보다는 남들에게 보이는 모습을 더 중요시하는 시대에 살고 있다. 물론 젊은 시절엔 누구나 이런 사실을 인정하지 않았다. 하지만 점차 변화하는 분위기에 익숙해져가면서, 쫓아가는 것만으로도 모자라 앞서나가려 하고 있다. 최신 유행을 따라가지 못하면 구닥다리라는 소리까지 듣는다. 비사회적인 사람으로 낙인찍히는 것은 물론이다. 사정이 이렇다 보니 당신은 최신에 관한 한 모르는 것이 없다. 이제 막 뜨기 시작한 가수부터 시작해 인기 절정의 젊은 배우 이름, 새로 나온 전자제품 및 통신기계 모델명, 심지어 새로운 경영 방식까지 두루 섭렵하고 있다. 게다가 시내의 레스토랑에 가면 어떻게 주문해야 세련돼 보일지 등의 쓸데없는 것들만 상세히 기억하고 있었다. 때문에 정작 중요한 것들은 미처 머릿속에 담아둘 수가 없었던 것이다.

예전에 가족과 함께 쉬려고 시골에 있는 한 주말 별장을 빌린 적이 있다. 전형적인 시골 사람인 집주인과 대화를 나누기란 굉장히 피곤한 일이었다. 소위 진보적인 사람에 속한다고 자부하던 나는 교양 없는 집주인과 대화하기가 힘들다며 노상 불평을 해댔다. 물론 별장 주인을 대하는 나의 태도는 무례하기 짝이 없었다. 지금 돌이켜보면 그 시골 아저씨가 답답했던 것이 아니라 바로 내 자신이 문제였던 것 같다. 나는 참으로 거만했다. 예의가 무엇인지도 몰랐을 뿐만 아니라 시골 사람들은 그저 고리타분할 뿐이라는 편견을 갖고 있었다. 그러는 나도 시골 출신인데 말이다. 물론 배운 정도가 비슷하고 관심사가 비슷한 사람과 이야기를 나누면 더 편한 것은 사실이다. 그렇지만 그 외의 사람들과 대화하는 것이 싫다면 그것은 곧 자신이 미숙하다는 증거가 아닐까?

이제 돈만 많이 벌면 '만사 오케이'인 시절은 지나갔다. 그렇다고 돈이 중요하지 않다는 건 아니다. 하지만 우린 이제 성숙한 나이에 도달했다. 즉, 다른 방식의 삶도 존재한다는 것을 깨우쳐야 할 때이다. "요즘이 어떤 세상인데 그래?", "그건 합리적이지 않아"라는 말로 모든 행위에 대한 변명이 가능한 세상이다. 그리고 현대인들은 냉정하고, 무관심하다. 더불어 예의가 무엇인지조차 잊고 산다. 스스로에게 "왜 나는 친구가 없지?"라고 자문해본 적이 있는가? 아마 분명히 있었을 것이다. 그것은 당신이 친구를 사귀는 능력이 부족해서가 아니라 인간에 대한 따스한 정이 없기 때문이다.

시내를 돌아다니면서 낯선 사람들에게 미소를 지어보는 건 어떤가? 이 시도 뒤에는 아주 재미난 결과가 기다리고 있다. 반 이상이 당신의 미소에 반응하지 않을 거라는 사실! 아마 대다수가 비웃는 듯한 표정으로 미소 짓고 있는 당신을 싸늘하게 바라볼 것이다. 하지만 그나마 4분의 1정도는 당신의 미소를 보고 어떤 제스처를 취할 테니 너무 상심하지는 말도록. 더러는 미소 짓는 당신이 아는 사람은 아닐까 고개를 갸우뚱할지도 모른다. 어쨌든 대부분이 의아해할 것이고 똑같이 미소로 답변하는 사람을 찾기란 모래사장에서 바늘 찾기만큼이나 어려울 것이다. 모르는 사람에게 미소를 짓는 건 바보 같은 짓이란 인식이 팽배하기 때문이다. 이것만으로도 우리가 사는 세상이 얼마나 삭막한지 알 수 있지 않은가?

유난히 이상한 사람들만 만나게 되는 날이 종종 있다. 버스나지하철 혹은 백화점에서 사람들과 부딪치면 기분이 좋을 리 만무하다. 게다가 실수를 한 상대방이 사과조차 하지 않는다면 불쾌감은 최고조에 이른다. 매너의 미덕이 사라져버린 세상, 더더욱 냉정하게 느껴질 뿐이다.

우리는 남들에게 예의 바르고 친절하게 살라고 충고한다. 정작 본인은 노력하지 않으면서 말이다. 우리는 신경질적인 사람들로 가득한 세상을 어떻게 살아나가야 하나 고민만 하고 있다. 친절과 따스함이 사람들에게 얼마나 큰 기쁨을 주는지 알고 있으면서 실천은 하지 않은 채. 이제부터라도 친절의 어마어마한 효력을 체험해보는 건 어떨까? 그럴 때 우리 몸은 에너지로 충만할 것이며 진정 매력적인 사람으로 재탄생할지도 모른다.

성찰의 여백

- 사진첩을 들여다보자. 당신의 어릴 적 모습은 어땠는가? 웃고 있는가, 아니면 생각에 잠겨 있는가? 그것도 아니면 놀이에 집중하고 있는가? 사람들은 당신을 보고 조용한 아이라고 했었나, 밝은 아이라고 했었나? 자신이 들었던 평가를 자유롭게 떠올려보자.

- 다음 세 가지 유형의 사람 중 동료로 함께 일할 사람을 선택해야 한다면 당신은 누구를 선택하겠는가? 그리고 그 이유는 무엇인가?

  – 능력 있고 활기차지만 화를 잘 내는 사람

  – 능력은 있지만 절대 속을 내비치지 않는 사람

  – 능력 있고 욕심이 많으며 통제가 불가능한 사람

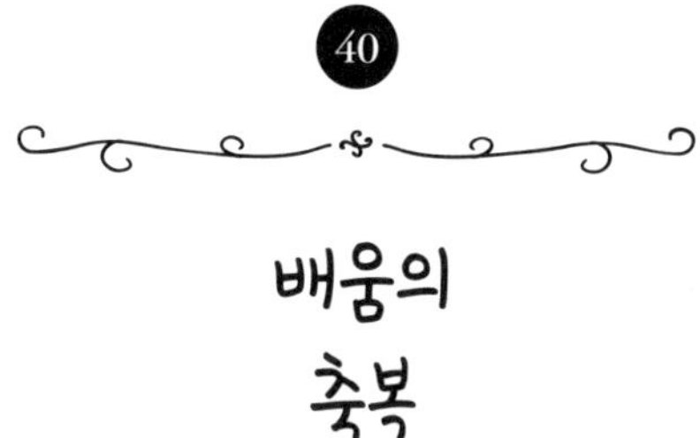

배움의
축복

　힘겹게 학력고사를 준비하던 학창 시절이 떠오른다. 우리는 그 시절과 작별을 고한 지 오래지만 이젠 우리 손자 손녀들 차례다. 선생님이란 우리 손자 손녀들이 생각하는 것처럼 공부하라라며 혼내는 사람, 가족들과의 시간을 빼앗으려는 심술궂은 사람일까? 그렇지 않다. 그들은 국가 교육 시스템과 관료주의의 범위 내에서 자신들의 과제를 성실히 수행하고 있는 훌륭한 사람들이다. 과연 우리 손자 손녀들은 그 사실을 알고 있을까?

　당신은 시간이 지날수록 교육정책이 정치인들 사이에서조차 형편없는 주제로 전락하고 있다는 사실을 아는가? 잘나가는 기업이 일선 학교에 컴퓨터 몇 대를 기증한다고 해서 교육 지원이 되는 게 아니다. 아이들은 그 몇 안 되는 컴퓨터를 쓰자고 자리싸움이나 해댈 텐데 그게 무슨 지원이란 말인가.

요즘 교수들은 대학생들이 책 읽는 것조차 귀찮아한다고 질책한다. 하긴 인터넷 검색만으로도 자료를 쉽게 찾을 수 있는데 누가 도서관에 앉아 책장을 넘기고 있겠는가. 예전에는 어린 학생들이 음악을 쉽게 접할 수 있도록 음악 교육을 장려하는 활동이 활발하게 이루어졌었다. 하지만 요즈음은 개인 후원자들을 통해서만 아주 간헐적으로 이루어지고 있는데, 이는 참으로 안타까운 일이 아닐 수 없다.

우리 손자 손녀 세대는 모르는 10대 음악 밴드가 없다. 게다가 요즘 유행하는 캐스팅 쇼에 참가하기 위해 너 나 할 것 없이 노래 연습에 매진한다. 음악의 기초도 모르면서 말이다. 클래식이 뭔지, 모차르트, 베르디, 베토벤이 어떤 음악가인지 물어봤자 입만 아프다. 하지만 그들 탓만 할 게 아니다. 과거와 현재를 이어주는 역할을 해야 하는 사람들은 그 누구도 아닌 바로 우리이기 때문이다. 옛것을 젊은이들에게 제대로 전달해주지 못한 건 바로 우리 책임이다.

나는 악기와 음향에 대한 약간의 지식을 갖고 있다. 또한 음악적인 재능은 없지만 음악을 사랑한다. 그것은 프로코피예프

Prokofiev의 '피터와 늑대', 림스키코르사코프Rimskii-Korsakov의 '왕벌의 비행'이나 라벨Ravel의 '볼레로'를 들려주신 할아버지 덕택이다. 내가 책 읽는 습관을 들일 수 있었던 것, 나아가 지금처럼 출판사에서 일할 수 있는 것은 바로 이모 덕분이다. 다시 말해 할아버지와 이모가 계셨기에 세상의 문을 박차고 나갈 수 있었던 것이다. 만약 이렇게 고마운 분들이 계시지 않았다면 난 아마 바깥세상에 나와 마음껏 누리지 못했을 것이다. 문화생활의 소중함을 알고 즐길 줄 아는 사람은 틀림없이 자신의 삶도 구제할 수 있다.

나는 언젠가 세상 사람들에게 외면당한 젊은이들을 거두어주는 훌륭한 어르신을 뵌 적이 있다. 그 어르신은 젊은이들이 다양한 경험을 할 수 있도록 기회를 제공하고, '존경'이 무엇인지 가르쳤다. 뿐만 아니라 그들에게 필요하다면 무엇이든 기꺼이 베풀려 했다. 젊은이들을 박물관이나 콘서트에 데리고 가기도 하고 독서하는 습관을 권장하기도 했다.

감동적인 이야기가 하나 더 있다. 겨우 낙제를 면한 성적으로 고등학교를 졸업한 여학생이 있었다. 그 성적으로 취직을 한다는 것은 사실상 불가능한 일이었고 그녀에게 공부를 더 하겠다는 의지가 있는 것도 아니었다. 그러던 어느 날 이웃에 사는 일흔 살의 할머니가 그 여학생의 이야기를 전해 듣고 그녀를 돕기로 했다. 할머니는 여학생에게, 물론 공부는 힘들고 어렵지만 그것을 해냈을 땐 힘겨운 운동을 마쳤을 때의 희열과 같은 기쁨을 얻을 수 있다는 것을 깨우쳐주었다. 그 소녀는 할머니 덕분에 공부를 포기하지 않고 대입 시험에 도전했다.

이 여학생처럼 간혹 첫 단추를 늦게 끼우는 사람들이 있다. 물론 인생을 어떻게 사느냐는 자신이 결정해야 한다. 하지만 그 첫 단추를 좀 더 일찍 끼울 수 있게 도와주는 사람이 있다면 당사자의 인생은 좀 더 긍정적인 방향으로 달라지리라.

우리는 필수적인 정규교육이 왜 훗날 전문적 지식을 배우기 위한 중요한 기초가 되는지 잘 알고 있다. 예를 들어 기초적인 학교 교육 없이 어떻게 직장에서 '소비자를 위한 기계 사용 설명서'를 쓸 수 있겠으며, 전문 기계를 어떻게 다룰 것이며, 고급 레스토랑에서 어떻게 수준 있는 요리를 만들 수 있겠는가.

물론 직장을 다니면서도 배움은 계속된다. 삶 자체가 배움이기도 하니 말이다. 지속적인 학습은 피와 살이 되며, 이미 습득한 전문 지식을 더욱 확고하게 다져준다. 이로써 일상생활은 편리해지고, 어떤 상황이 닥쳐도 두려워하지 않는 강인함이 생긴다. 또한 일을 하면서도 자신감을 잃지 않도록 해준다.

그렇다고 해도 나이가 들어서 무언가를 배운다는 건 참으로 어려운 일이다. 어학 공부는 더더욱 그렇다. 하지만 배움에 대한 모험심과 의지, 완벽해지기 위한 노력이 새로운 삶을 시작하기에 가장 커다란 원동력이 되어주는 것만은 분명한 사실이다.

성찰의 여백

- 어릴 적 당신의 재능을 인정해주고 항상 칭찬을 아끼지 않았던 사람이 있는가? 당신이 그때 칭찬받았던 재능은 무엇이었는가? 그리고 그 사람이 당신의 인생에 끼친 영향이 있다면 무엇인가?
- 1년 동안 외딴섬으로 여행을 떠난다고 가정해보자. 다음 중 당신은 무엇을 꼭 챙겨가고 싶은가? 그것을 택한 이유는 무엇인가?
  - 바둑 세트와 관련 서적
  - 좋아하는 영화 DVD 50장
  - 외국어 학습 교재(CD와 사전)
  - 일류 작가의 소설 50권
  - 헬스 기계 세 대

운명은
당신의 손에 달렸다

당신의 실수로 심각한 문제가 발생했던 창피한 순간이 한 번쯤은 있었을 것이다. 만약 그 상황에서 당신이 잘못을 고백하고 사죄하는 대신 죄를 뒤집어씌울 희생양을 발견한다면 어떨까? 옛날에는 이런 일이 다반사였는데, 바로 하인을 죄인으로 몰아세우는 것이었다. 예컨대 양반 자제가 큰 실수를 저지르면 그 집 하인의 자식이 잘못을 전부 뒤집어쓰고 매를 맞았던 것이다.

남에게 고통을 주고 그것을 통해 쾌락을 얻는 사람들이 존재한다는 사실은 현대인들이 정당하지 않은 일에 반항은커녕 방관만 하고 있다는 증거이다. 사람은 인생의 반을 변명하는 데 쓴다고 한다. 누구나 실수를 하고 나면 변명을 해대느라 바쁘다. 길이 막혀 늦었다는 변명은 반만 사실이다. 길이 막힐 것을 미리 예상하고 좀 더 일찍 출발했다면 지각하지 않았을 테니 말이다. 휴대폰을 놓고 나와서 전화를 못했다는 말도 역시 반만 사실이다. 마음만 있다면 공중전화라도 찾아서 얼마든지 전화를 할 수 있었을 테니까. 진실을 말하고 사과한다면 본인도 찜찜하지 않고 서로 다툴 필요도 없을 것이다. 하지만 우리는 어떤가? 이와 정반대로 행동하면서 피곤하게 살고 있지 않은가? 마음을 담아 진심으로 사과하기보다는 앞뒤가 맞지 않는 변명으로 둘러대면서 말이다.

나는 내가 비만인 것을 항상 아버지로부터 물려받은 유전자 때문이라고 생각했다. 그리고 "나는 스트레스가 쌓이면 몸무게부터 늘어나는 체질인 데다 먹는 게 모두 살로 간다"라고 습관적으로 말해왔다. 내가 가장 자주 하는 변명은 이것이다.

"난 맛있게 생긴 케이크를 바라만 봐도 몸무게가 늘어."

어쩌면 이런 나의 변명이 약간은 일리가 있을지 모른다. 하지만 내가 비만이 된 진짜 이유는 나쁜 생활 습관 때문이다. 하루 종일 일하느라 제때 챙겨 먹지 못한 끼니를 저녁에 한꺼번에 몰아 먹는 일이 다반사인 데다 움직이는 것 자체를 싫어해 그동안 운동도 멀리했다. 살찌기 위한 거의 모든 조건을 다 갖춘 것이다. 나는 언젠가부터 이런 사실을 솔직하게 고백할 수 있는 용기를 갖게 되었고, 그로써 마음도 훨씬 가벼워졌다.

왜 이런 고백이 필요한 것일까? 우리가 쉰 살이 되었기 때문이다. 이제 우리는 스스로를 속이는 짓은 그만두어야 한다. 우리가 친구가 없어 외로워하는 건 결코 운명 탓이 아니다. 친구를 찾는 방식이 잘못되었기 때문이다. 당신이 원했던 직장을 찾지 못한 것 역시 운명 탓이 아니다. 다만, 자신의 능력과 취향을 제대로 파악하지 못한 채 전혀 다른 직장을 선택했기 때문이다.

별자리가 우리의 운세를 결정하지는 않으며 타로카드나 손금이 우리의 운명을 결정짓지도 않는다. 태양의 빛이 어떻게 보이든 그것은 어디까지나 자연현상이지 당신이 불행해지는 것과는 관련이 없다. 솔직히 점성술이 흥미로운 건 사실이다. 하지만 왜 당신은 자신의 운명의 원인을 미신 속에서만 찾으려 하는가?

갖가지 질병에 걸리는 것 또한 모두 자기 책임이다. 앞에서도 이미 몸은 마음의 거울이라고 언급하지 않았던가. (신체와 정신의 연관성은 아무리 강조해도 지나치지 않다.) 쉰 살이 된 기념으로 지금부터라도 심신 상관설(心身相關說)을 공부해보는 것은 어떨까? 그것을 이해하면 점성술과 우리 운명이 아무 상관없다는 사실도 쉽게 깨달을 수 있으리라.

쉰 살이 되면 우리는 앞으로 당당하게, 독립적인 우리만의 삶을 누릴 수 있음을 깨달아야 한다. 이젠 의존하는 삶의 방식에 작별을 고할 때가 왔다. 미신을 맹신하는 습성, 진실하지 않은 행동, 지나친 두려움과 이별할 때가 온 것이다. 운명은 자신이 직접 만드는 것이다. 모든 것이 바로 당신의 손에 달렸다.

성찰의 여백

- 살아오면서 당신이 했던 변명 중에 가장 기발한 것은 무엇이었나? 그리고 그 상대는 누구였는가? 반대로 나름대로 생각해낸 변명 때문에 망신을 당한 적은 없었는가?
- 다음 중 당신의 운명에 가장 결정적인 영향을 끼치는 것이 무엇이라고 생각하는지 곰곰이 생각해보라.
  - 정부의 사회보장 정책
  - 관상과 사주
  - 충분한 휴식과 공부

가장 믿을 만한 돈줄은
바로 당신이다

쉰 살이 되었을 때 부딪히는 가장 큰 걱정거리는 무엇일까? 물론 여자로서의 매력 상실, 삶에 대한 의욕 상실도 문제지만 무엇보다 '돈'이 가장 골치 아픈 문제일 것이다.

북아메리카가 점령당하기 전에 그곳의 인디언들이 하던 말이 있다.

"돈은 먹지 못하니 필요 없소."

그렇다, 돈은 먹을 수 없다. 고대인들이야 배가 고프면 짐승을 잡기 위해 창을 들고 숲 속으로 들어가면 되었지만, 우리는 돈이 없으면 먹을거리를 구할 수가 없다. 하지만 현대인들이 매일같이 돈 걱정만 하는 이유는 밥도 못 먹을 정도로 가난해서가 아니다.

단지 남들이 누리지 못하는 특별한 것을 누리고 싶은 욕심 때문인 것이다. 주위 사람들이 갖지 못하는 걸 소유함으로써 그들의 질투 어린 시선을 즐기고 싶은 것이다. 화려한 휴가를 즐기고, 명품 가전제품을 소유하며, 명품 옷을 차려 입는 등 더 나은 사회계층에 속하기 위해서는 반드시 돈이 있어야 한다. 소비에 대한 우리의 욕심은 정말이지 멈출 줄 모르는 것 같다.

내 자식들만 봐도 문제의 심각성을 알 수 있다. 손자 손녀들이 학교 친구들의 명품 옷과 신발을 보고 집에 와서 부모에게 떼를 쓰는 것이다. 게다가 갖고 싶은 게 한두 가지가 아니다. 휴대폰, 컴퓨터, 아이팟, 플레이스테이션 등등. 나열하자면 끝이 없다. 지금 당장 필요한 물건이 아니라고 달래도 보고 너무 비싸기 때문에 안 된다고 호통을 쳐봐도 아무 소용이 없단다. 친구들도 갖고 있기 때문에 무조건 갖고 싶다는 것이다. 정말이지 대책이 안 서는 일이다.

우리는 손자 손녀를 키우며 이런 어려움에 봉착한 자식들을 도와줘야 한다. 오늘날의 아이들은 소비를 부추기는 사회의 희생양이 되어가고 있다. 그러니 할머니, 할아버지가 된 입장에서 아이들에게 조금이나마 도움이 되어야 한다. 직접 상표를 디자인해서 옷에 붙이는 놀이를 아이들과 함께 해보는 건 어떨까? 아이들이 입고 있는 옷이 어디서 어떻게 생산되고 있는지 설명해주는 것도 좋은 방법이다. 자신들이 입고 있는 옷들이 가난한 나라의 같은 또래의 어린이들이 바느질한 옷이라는 것을 알게 된다면 그 충격이 이만저만이 아닐 것이다. 이처럼 현명한 방법을 생각해내어 아이들에게 바람직한 소비생활을 심어주는 것이 바로 우리의 과제이다.

입사한 지 얼마 되지도 않은 사회 초년생들이 벌써부터 퇴직하고 나서 퇴직연금을 받을 수 있을지 걱정하는 모습을 종종 보게 된다. 다들 하루빨리 정년퇴직을 하고 싶은 건 아닐 텐데 말이다. 게다가 아직 평생직장을 얻었다는 확신도 없는 듯하고 결혼은커녕 애인도 없는 것 같은데 하나같이 연금 걱정을 하고 있다.

연금 정책이 앞으로 어떻게 변할지 그건 정치인들의 손에 달렸다. 그리고 우린 이제 눈과 귀를 활짝 열고 세상을 똑바로 바라봐야 한다. 다시 말해 우리는 젊은이들이 미래를 걱정하지 않도록, 그러니까 그들이 걱정하는 연금 수령 문제에 대해 불안해하지 않도록 격려해야 하는 것이다.

자신의 능력을 신뢰할 줄 알고 자립할 수 있는 사람만이 행복한 삶을 누릴 수 있다. 의존적인 젊은이들에게 자립할 수 있는 길을 제시해주는 것도 우리의 과제이다. 그들이 우리 세대와 똑같은 고민을 안고 살아간다면 그것만큼 안타까운 일이 또 있을까? 적어도 그들만큼은 새로운 사회 모델이 무엇인지 고민하는 진보적인 삶을 살았으면 하는 바람이다.

더 이상 국민을 위한 정책 문제를 정치인들에게만 맡겨서는 안 된다. 시대가 변했는데도 그들은 여전히 자신들이 속한 정당이 주장해온 정책만을 고수하고 있다. 한마디로 그들은 정당의 꼭두각시일 뿐이다. 정치인들은 국민들의 삶을 제대로 바라보지 못한다. 그래서 마치 국회의사당이 지구가 아닌 다른 행성에 존재하는 것처럼 느껴지기도 한다. 새로운 정책을 제시할 때마다 발상의 전환이 필요할 때라며 국민을 우롱할까 심히 걱정스럽다. 모름지기 정치인이라면 사회의 문제점이 무엇인지, 또 그 원인은 무엇인지 정확히 파악할 줄 알아야 한다. 정치인의 말을 믿으면 바보 취급을 당하는 현실이 참으로 서글프다.

돈이라는 주제로 다시 돌아가보자. 정말 우리는 돈이 부족한 사회에 살고 있는 것일까? 돈은 참으로 어려운 주제이다. 순수하게 미래를 위해 저축하는 사람들이 과연 얼마나 될까? 그 몇 명 안 되는 사람들이 저축하는 이유는 무엇일까? 그들은 미래가 두려워서, 혹은 돈이 많아서 저축하는 것이 아니다. 사고방식이 건강하기 때문에 저축을 하는 것이다. 계산에 어두운 사람들이나 할부와 같은 위험한 유혹에 쉽게 넘어간다. 은행은 젊은 사람들을 유혹해 부채를 쓰도록 부추기는 만행을 지금 당장 그만두어야 한다. 그 대신 더 현명한 사업 아이디어를 개발해냈으면 한다.

가장 믿을 만한 돈줄은 바로 당신 자신이다. 당신은 풍부한 아이디어는 물론이고 나이에 걸맞은 현명함, 게다가 자립할 수 있는 의지까지 갖고 있지 않은가!

성찰의 여백

- 어렸을 때 돈을 다뤘던 기억을 떠올려보자. 은행에 저축을 했었는가? 아니면 돼지 저금통에 돈을 모았는가?

- 처음으로 용돈을 받은 때는 언제였나? 그 돈으로 정말 당신이 하고 싶은 것을 모두 다 했다고 생각하는가?

- 당신은 다음 세 가지 방식 중 하나로 돈을 벌 수 있다. 어떤 방법을 선택하겠는가?

  – 도박

  – 새로 출시된 연금 추가 가입

  – 젊고 혁신적인 회사의 주식 매매

가끔은
화려한 일탈을 만끽하라

누구나 어린 시절에 숨겨진 보물과 관련된 동화를 많이 읽어봤을 것이다. 그런 면에서 '알리바바와 40인의 도적' 덕분에 《아라비안나이트》가 오랫동안 큰 인기를 누렸다. 우리는 이런 내용의 책을 읽으면서 직접 경험해보지 못한 세계를 상상하곤 했다. 반짝반짝 빛나는 금은보화가 가득 담긴 보물 상자를 떠올려보라. 지금도 여전히 상상만 해도 기분이 좋지 않은가?

《보물섬》을 비롯해 《몽테크리스토 백작》 이야기 덕분에 우린 백마 탄 기사가 반지를 끼워주며 청혼하는 꿈을 꾸고는 했다. 젊은 세대, 나이 든 세대를 불문하고 말이다. '당신이 누릴 수 있는 화려함, 바로 이곳입니다'라는 식의 광고 문구가 자주 나오는 것도 누구나 특별한 것을 누리고 싶어 하는 욕구를 갖고 있기 때문이리라.

우린 지금까지 진정으로 누린다는 것이 무엇인지 잘 모르고 살아왔다. 화려함과 사치스러움이란 '특별한' 무엇인가를 누린다는 것이다. 매일 와인에 안심 스테이크만 먹는다고 상상해보자. 아마 며칠 안 가서 평범한 밥이 그리울 것이다. 이처럼 사치란 욕구와 관련한다. 자신이 욕망하는 것을 누릴 수 있도록 스스로에게 베푸는 행위이기도 하다.

사람들은 '사치'나 '화려함'이라는 말을 주로 부정적으로 사용한다. 바쁘게 살아가는 우리는 더 이상 남들이 무엇을 갖고 싶어 하는지 관심이 없다. 그래서 선물을 살 때도 무조건 최상품만을 고집하거나 현금으로 대신한다. 그 덕분에 남자들의 옷장엔 필요도 없는 넥타이가 즐비하고 취향에도 맞지 않는 울 재킷이 떡하니 자리를 차지하고 있다.

일상적인 것 이외에 특별한 무엇인가를 누릴 수 있다면 어떨까? 바로 그것이 내가 말하려는 아름다운 사치다. 내가 말하는 사치란 상류 계층의 삶 또는 돈의 액수와는 상관없다. 대신 동경심과 관계가 깊다. 당신의 경제 사정에서 볼 때 도가 약간 지나쳐 보이는 것이라도 과감하게 누려보는 것이다. 지나갈 때마다 그 화려함에 넋을 놓고 쳐다봤던 호텔에서 며칠 밤을 보낸다고 해서 하루아침에 가세가 기울지는 않는다. 그러니 마음 푹 놓고 신나게 즐겨라! 지금부터라도 가계부 걱정 없이 질 높은 휴식을 취해 보는 것이다. 물론 그에 상응하는 상당한 비용을 치러야 할 것이다. 하지만 때로는 당신을 위해 기꺼이 그 돈을 투자할 가치가 있다.

캐시미어 목도리처럼 보이는 모직 원단의 저렴한 목도리를 하나 샀다고 해보자. 물론 육안으로는 캐시미어와 다름없어 보이지만 정직한 당신의 피부는 금세 알아차린다. 그리고 캐시미어를 갈구한다. 어떤 아내는 남편이 선물로 준 향수를 쓰지는 않고 노상 바라만 본다고 한다. 그래도 남편은 계속해서 그녀에게 향수를 선물할 것이다. 아내가 향수 자체보다는 향수병의 디자인과 제품 라인에 얼마나 열광하는지를 알고 있을 테니 말이다.

이처럼 우리는 모두 조금씩은 화려함을 동경한다. 물론 각 개인마다 정도의 차이는 있을 것이다. 어떤 사람에겐 어렸을 때부터 갖고 싶었던 미니 기차 모형이, 또 어떤 사람에겐 피부 관리실에서 받는 서비스가 그토록 동경해 마지않던 사치일 수 있다. 하지만 명품 이미테이션을 동경하는 사람은 아무도 없다. 모조품을 좋아한다는 것 자체가 좀스럽고 유아틱한 발상 아닌가. 게다가 소위 '짝퉁'을 통해 얻는 기쁨은 그다지 오래가지도 않는다.

당신은 쉰 살이 되었다. 그러니 이제는 다른 사람 눈치 볼 것 없이 오로지 자신만을 위해 아름다운 사치를 누릴 자격이 있다. 물론 매일 그러라는 말이 아니다. 센스를 발휘해 요령껏, 재주껏 기회를 엿보아라. 생활이 훨씬 풍족해짐을 느낄 것이다!

성찰의 여백

- 당신의 기억 속에서 어린 시절 부모님이 누렸던 사치는 무엇이 있었는가? 당신이 돈을 벌어 처음으로 새 가전제품 혹은 자동차를 샀을 때를 떠올려보라. 당시의 기분이 어땠는가? 마냥 기뻤는가, 찜찜했는가?
- 다음 중 당신이 선택하고 싶은 '사치'는 무엇인가?
  - 욕실 바닥을 대리석으로 덮고 수도꼭지에 금도금을 한다.
  - 마당이나 옥상에 일본식 정원을 만든다.
  - 1년간 자동차 기사와 집사를 고용한다.

바로 이 순간,
당신의 미래가 시작되고 있다

당신의 인생에서 쉰 번째 생일은 굉장히 중요한 날이다. 바로 이날 당신의 진정한 '미래'가 시작되기 때문이다. 나이를 먹는다는 두려움과 걱정으로 시간을 허비할 때가 아니라, 지금까지의 인생을 진지하게 되돌아보고 정리해야 할 시기인 것이다.

젊은 시절 당신이 꾸었던 꿈은 무엇인가? 시도를 해봤지만 실현시키지 못한 꿈이나 감히 엄두조차 내지 못했던 꿈을 떠올려보자. 쉰 살은 젊은 시절의 꿈을 냉정한 시각으로 다시 한 번 판단해볼 수 있는 최적의 시기다.

어쩌면 당신은 쉰 살이 되었다는 사실에 한숨을 내쉬고 있었는지 모른다. 하지만 앞으로의 10년은 지난 10년과 별다른 차이가 없을 것이다. 물론 당신은 성숙한 사람이기에 쓸데없는 일에 에너지를 소모하는 삶은 원치 않으리라. 당신은 신중한 사람이며 충분한 에너지를 소유한 사람이다. 젊었을 때보다 훨씬 더 큰 용기를 발휘할 수 있다는 사실을 잊지 말았으면 한다.

혹시 당신은 아직도 불만투성이인가? 자신이 불행한 사람이라고 생각하고 신경질적이라고 생각하는가? 만약 그렇다면 당신은 남은 인생을 위해서라도 지금 당장 변해야 한다. 다른 사람들이 당신의 이름만 들어도 몸서리치는 일은 없도록, 병들어 드러눕는 일이 없도록 하기 위해서 대처법을 찾아나서야 할 때다.

당신은 젊은 시절 파일럿이 되길 희망했었나? 아니면 발레리나가 되고 싶었는가? 내가 여기서 말하고자 하는 꿈이란 이런 비현실적인 희망사항이 아니다. 묻어두었던 젊은 시절의 열망, 그리고 잊고 지냈던 자신의 재능을 찾아보라는 것이다. 그렇다고 해서 무작정 지금 하고 있는 일을 집어치우고 옛날에 꿈꾸던 그 일을 시작하라는 말은 아니다. 나는 쉰여섯이 된 지금까지도 이렇게 직장에 다니고 있다는 사실에 항상 감사한다. 나라는 독립된 존재로서 한 회사에 적을 두고 있다는 것은 분명히 크나큰 행운임에 틀림없으니까.

나는 당신에게 그동안 모아놓은 돈을 몽땅 털어 가게를 내라고 애기하고 싶은 게 아니다. 갑자기 맥주병 뚜껑 수집이나 성냥개비로 집짓기 놀이를 시작하라는 이야기도 아니다. 만약 건축가가 되고 싶었다면 동서양의 건축물의 아름다움과 그것의 가치, 역사를 공부해보자. 그리고 성냥개비로 자신이 좋아하는 건축물의 모형을 지어보는 것도 좋다.

내면에서 느끼는 불행을 이유로 삶을 뜯어고치고 싶다면 먼저 철저한 분석부터 해야 한다. 우선 당신이 불행한 이유가 무엇인지 원인을 찾아보라. 당신을 불행하게 만드는 그 요소를 없애기 위해 삶을 어떻게 변화시킬지 고민해봐야 하는 것이다. 그런 다음 자신과의 솔직한 대화를 통해 확실한 결정을 내리자.

그동안 직장에서 만족스럽지 못한 부분이 있었다면 이전과는 다른 각도에서 문제를 바라보자. 일단 부족한 게 무엇인지부터 살펴보라. 그리고 직장 생활이 행복하지 못하다면 사내에서 위로를 찾으려 하지 말고 바깥으로 눈을 돌려보라. 당신 주변에는 분명 당신과 비슷한 관심사를 가진 사람들이 있을 것이다. 세상에는 직장 동료 외에도 수많은 종류의 사람들이 살고 있다는 것을 잊지 말아야 한다.

이제는 나이 때문에 도저히 이룰 수 없게 된 '비현실적인 꿈'에 대해서도 이야기해보자. 파일럿이 되지 못했다면 모형 비행기를 수집하거나 모형 비행기 조립을 해보는 것은 어떨까? 발레 대신에 라틴댄스를 즐겨보는 것도 괜찮지 않을까? 다시 한 번 말하지만, 단순히 취미 수준에서 즐기라는 이야기가 아니다. 젊은 시절에 열망했던 일을 다시 시작해서 기쁨과 성취감을 느끼는 것, 생각만 해도 짜릿하지 않은가? 당신은 어쩌면 불타는 열정에 힘입어 늦은 나이에 전문가가 될 수도 있고, 그 재능을 살려 투잡을 할 수도 있을 것이다.

물론 세상은 우리가 누릴 수 있는 매혹적인 것들로 가득하다. 그러니 변명을 앞세워 도망치지 말자. 지레 겁을 먹고 포기하는 것도 어리석은 짓이다. 불가능한 것은 깨끗이 잊고, 실현 가능한 것을 찾아 몰두해보자. 직장 생활을 되돌아보면서, 힘겨워하거나 우울해할 필요가 없다. 만약 도전하는 것이 두렵고 준비할 엄두가 나지 않는다면 주방 청소나 하고 빨래나 돌리기 바란다. 이런 사람들은 평생 바보 같은 어른으로 살아갈 수밖에 없겠지만 말이다.

성찰의 여백

- 어린 시절 어른들이 "나중에 커서 무엇이 되고 싶니?"라고 물었을 때 당신은 뭐라고 대답했는가?

- 당신이 젊은 시절에 꿈꿨던 직업을 얻을 수 있다고 해보자. 재교육만 받으면 백 퍼센트 그 일을 시작할 수 있다. 물론 신입사원부터 시작해야 하니 월급도 분명히 적을 것이다. 당신이라면 이 일을 당장 시작하겠는가?

45

우리를 이루고 있는 본질

삶이란 자신이 누구인지 발견하는 소중한 과정이다. 하지만 요즘은 '자아 발견'이라는 말조차 듣기 어려워졌다. 사과는 사과나무에서 멀리 떨어지지 않는다는 속담이 있다. 이 속담은 인간은 결국 부모와 비슷한 삶을 살아간다는 의미를 가지고 있는데, 물론 이 속담으로 우리의 존재를 정의하기에는 지나친 감이 있다. 아버지나 어머니와 똑같다는 이야기를 듣고 싶어 하는 사람이 있는가 하면 그 말을 소름 끼치도록 싫어하는 사람도 있을 테니 말이다. 그렇다면 당신은 자신이 무엇이기를 갈망하는가? 우리는 이렇게 우리 자신에게 끊임없이 질문할 수 있다. 그렇다, 우리 인간은 삶이 무엇인지 스스로 자문하는 탁월한 능력이 있다. 그래서 인간을 만물의 영장이라고 하지 않는가. 지구상에 존재하는 가장 영리한 동물인 오랑우탄도 삶이 무엇인지 스스로 자문하지는 못할 것이다.

사람들은 삶의 의미를 어떻게 정의할까? 물론 사람에 따라 다르겠지만 크게는 다음의 두 부류로 나눌 수 있다. 물론 성별은 상관없다.

첫째, 자신의 능력과 재능을 최대한 발휘해 일을 완성하는 것을 가장 중요한 목표로 삼는 사람들이 있다. 이들은 자신의 가능성을 백 퍼센트 활용한다.

둘째, 자기 자신보다는 남을 위해 일하는 사람들이 있다. 이들은 사회봉사 활동을 좋아하고 남을 돕는 일이라면 발 벗고 나선다. 만약 이런 사람들이 전혀 존재하지 않는다면 세상이 어떻게 돌아갈까? 물론 그렇다고 해서 자신의 능력을 발휘하여 목표를 달성하는 사람들을 남들에겐 관심 없고 오직 자신만 중시하는 이기주의자들이라고 말하는 것은 아니다. 그들도 마찬가지로 세상이 필요로 하는 사람들이다.

철학이란 학문은 옳고 유익한 삶이 무엇인지 생각해보게 해준다. 철학은 인생과 자신의 존재에 대해 생각해보게 한다. 사고가 깊은 사람은 사람마다 옳은 삶에 대한 수많은 정의가 가능하다는 것에 놀라지 않는다. 어떤 사람에겐 자신의 관심사와 연구에 몰두하고 항상 새로운 지식과 재능을 개발하는 것이 중요한 반면에 또 다른 사람에겐 물질적인 풍요가 최우선일 수도 있다. 이처럼 삶에 대한 정의는 사람마다 각기 다르기 때문에 옳고 그름을 구별할 수 없다.

우리에게 아름다운 음악을 남긴 천재적인 음악가 모차르트를 예로 들어보자. 그는 살면서 자신의 동경과 열정을 실현했을 뿐이었다. 정치적 혼란과 전염병으로 많은 사람들이 죽어가는 상황에서도 그는 자신의 음악에 대한 열정을 포기하지 않았다. 그리고 그의 곁에는 아낌없이 그를 지원해준 많은 사람들이 있었다. 만약 이들이 없었다면 모차르트는 자신의 천재성을 발휘하지도 못한 채 세상을 떠났을지도 모른다.

이처럼 자아실현을 목표로 삼은 사람들과 남을 위해 기꺼이 희생하는 삶을 사는 사람들 모두 세상에 필요한 존재이다. 당신이 어떤 부류인지는 상관없다. 어떤 부류가 좋고 나쁘다고 할 수 없기 때문이다. 다만, 스스로 만족스러운 삶을 살려면 어떻게 살아야 하는지, 어떤 일로 인류에 기여해야 하는지 한 번쯤 고심해볼 필요는 있으리라.

훌륭한 의사를 예로 들어보자. 그들은 단순히 남을 돕는 사람들이 아니라 자신의 재능을 실현하는 훌륭한 예술가이다. 그림을 잘 그리거나 시를 잘 짓는 사람만이 예술가가 아니다. 자신의 열정을 불태우며 생명을 살려내는 것도 하나의 예술인 것이다. 그리고 이들이야말로 진정한 삶을 살아가는 사람들일 것이다.

그러나 아무나 옳고 유익한 삶을 살아갈 수 있는 것은 아니다. 그러기 위해서는 부단한 노력이 필요하다. 자신의 능력을 최대한 발휘해야 하는 것이다.

당신의 능력은 이미 당신 안에 존재하고 있다. 당신에게 '발견되어' 세상을 환하게 밝힐 날을 손꼽아 기다리면서 말이다. 기억하라, 세상에 존재하는 사람 중 재능이 없는 사람은 단 한 명도 없다.

이런 진리를 깨닫는 것도 쉰 살이 된 당신이 풀어야 할 숙제이다. 매사에 불만족스러운 사람은 타인과 교감하기 어렵다. 더구나 불만족스럽다는 것은 자신이 원하는 것을 제대로 일구어내지 못하고 있다는 뜻이며, 삶의 방향이 정확히 정해지지 않았다는 증거이다. 물론 돈과는 상관없다.

쉰 살이 된 당신, 앞으로의 당신은 당신의 삶의 방향에 관해 생각할 준비가 되어 있는가? 이제 스스로 깨닫는 방법을 찾아 나설 때가 왔다!

- 어렸을 때 역할극이란 것을 해봤을 것이다. 당신은 그때 주로 어떤 역할을 맡았었나? 혼자서도 역할극을 한 기억이 있는가? 아니면 항상 여러 명이 모여서 했나? 어떤 역할이 가장 좋았고 어떤 역할이 가장 싫었나?

- 타임머신을 타고 과거로 돌아가서 다음 유명인 가운데 한 명으로 하루를 살아야 한다면 누구를 선택할 것이며 그 이유는 무엇인가?
  - 모차르트
  - 빈센트 반 고흐
  - 프로이트
  - 앨버트 슈바이처
  - 테레사 수녀

46

행복은
이미 당신 눈앞에 있다

인간관계에서 그토록 많은 오해가 발생하는 것은 아마 언어 때문이 아닐까 싶다. 우리는 얼마나 많은 언어를 정확하게 이해하고 있을까? 당신은 방송을 통해 확산되는 현대인들만의 수많은 추상적인 언어들을 얼마나 정확하게 이해하고 있는가? 수많은 광고 문구와 유행어가 만연하는 시대를 살아가면서 우리 일상의 언어들은 언젠가부터 지나치게 자극적이고 알 수 없는 압축된 의미까지 담게 되었다. 이런 시대에서 진정한 언어를 접할 수 있는 유일한 방법은 바로 독서가 아닌가 싶다.

당신에게 물어보고 싶은 것이 있다. '행복'이라는 단어의 의미를 정확히 아는 사람이 과연 얼마나 될까?

행복이라는 말이 나왔으니 잠시 인생에 대한 이야기를 해보자. 우리의 삶 속에는 행복과 불행이 공존한다. 그러나 우리는 행복만을 추구할 뿐, 불행은 어떻게든 피하려고만 한다. 당신이 질병에 걸렸다고 가정해보자. 오늘날 대다수의 질병은 그리 큰 문제로 취급되지 않는다. 치료받을 수 있는 방법이 도처에 널려 있기 때문이다. 물론 비싸고 혁신적인 수술을 받으려면 돈이 있어야 하겠지만 말이다.

그렇다, 생명을 유지하기 위해서는 돈이 필요하다. 돈이 있으면 행복이나 건강도 살 수 있다는 말은 어떤 면에서 맞기도 하다. 그런데 그 외의 물질들, 광고 속의 수많은 물품들을 반드시 소유해야만 행복한 것일까? 아니다. 이런 물질적인 것은 결코 진정한 행복을 보장해주지 못한다. 대신 자신이 원하는 것이 무엇인지에 따라 행복할 수도 있고 불행할 수도 있다. 어떤 사람은 정신적으로 만족스러운 삶이 행복한 삶이라고 말할 것이고, 어떤 사람은 건강한 삶, 성공한 삶이 행복한 삶이라고 말할 것이다. 하지만 우리는 진정한 행복이 무엇인지 생각해볼 여유조차 없는 것이 사실이다. 사는 게 바쁘다 보니 그저 간단하고 쉬운 것만을 찾을 뿐이다.

그런데 조금만 다른 시각에서 보면 오늘날은 과거에 비해 돈 없이도 쉽게 누릴 수 있는 것이 참으로 많다. 월급이 아무리 적어도 텔레비전이나 라디오 수신료는 부담스럽지 않다. 서점에 가득한 좋은 책들의 가격을 한번 보자. 참 저렴하다. CD도 마찬가지다. 돈을 절약하고 싶으면 도서관에 가서 책이나 DVD를 빌려봐도 된다. 이렇게 우리는 돈이 많지 않아도 얼마든지 듣고, 보고, 읽을 수 있다.

주변을 한번 돌아보자. 문화생활을 하기가 요즘처럼 편한 적이 있었던가? 극장, 박물관, 레스토랑, 스포츠 시설들을 사용하고 싶다면, 편리한 대중교통을 이용해 쉽게 어디든지 갈 수 있다. 비록 변두리에 살더라도 말이다. 이렇게 우리가 살고 있는 세상은 편리해졌다. 하지만 이런 풍요로움에 대해 감사하는 사람이 몇 명이나 될까? 모든 것이 완벽하게 갖춰진, 여유롭고 윤택한 세상에 살고 있는데도 우리는 도통 감사할 줄을 모른다. (그렇다고 해서 사회에 대한 비판적인 시각을 버리자는 이야기는 아니다. 우리가 살고 있는 현대사회에 부당한 일이 많이 발생하는 건 사실이니까.)

요즘은 이상하게도 어렵고 복잡한 삶의 주제를 담은 책들이 인기를 끌고 있다. 아마 사는 것이 너무 편한 나머지 그런 주제가 우리의 관심을 자극하는 게 아닐까 싶다. 개봉되는 영화를 보면 공포나 폭력 영화가 상당한 비중을 차지하고 있고 그것은 텔레비전 채널로도 여과 없이 방영된다. 영화 제작자들은 이런 분위기에 동참해 공포와 폭력으로 관객들의 손에 땀을 쥐게 하기 위해 끊임없이 아이디어를 개발하고 있다. 그런 대체물을 통한 카타르

시스가 과연 우리에게 행복을 가져다줄 수 있을까?

자, 이제 행복이 무엇인지 정확하게 인식해야 할 때가 온 것 같다. 지나친 욕심을 버리는 건 어떨까? 행복한 삶은 우리가 만들어나가는 것이지 무작정 희망한다고 해서 얻어지는 사치가 아니다. 진정한 행복을 누리고 싶은가? 그렇다면 이제 과감히 욕심을 버려라. 멀티미디어를 통해 접하는 이상적인 삶은 진정한 삶의 모습이 아니다. 이미 행복한 삶은 당신 곁에 존재한다. 단지 당신이 그것을 보지 못하고 있을 뿐이다.

성찰의 여백

- 어렸을 때 당신은 쉽게 만족하는 밝은 아이였는가, 아니면 우울한 아이였는가? 또 무엇인가를 갖고 싶을 때 그것을 손에 넣을 때까지 부모님을 조르는 편이었는가, 아니면 참는 편이었는가?
- 앞으로의 삶의 유형을 택할 수 있다면 당신은 다음 중 어떤 삶을 선택하겠는가?
  - 기쁨과 불행이 함께 존재하는 평범한 삶.
  - 걱정도 없고 질병도 없는 특별한 삶.

당신에게 허락된
죄악

내가 수십 년째 몸담고 있는 우리 출판사에서는 한때 '죄악'이라는 주제를 다룬 소책자를 출간하기로 계획한 적이 있다. 주제가 '죄악'으로 결정되자 회사 동료들은 모두 입을 모아 나를 저자로 지목했다. 그 책을 쓰는 덴 뚱뚱하고 게으르면서 종종 철학적으로 보이는 내가 제격이라는 것이 그들의 공통된 의견이었다. 그 책을 만들어나가는 과정은 그야말로 즐거움의 연속이었다. 자화자찬 같아 쑥스럽지만 아마도 인간의 성향, 인간의 죄악과 관련해선 나만한 전문가도 그리 흔치 않을 것이다.

당신은 혹시 성경의 일곱 가지 죄악을 기억하는가? 참고로 나는 평소에 아무리 머리를 쥐어짜도 세 가지밖에 기억하지 못했다. 성경의 일곱 가지 죄악은 교만, 분노, 질투, 음욕, 인색, 탐욕, 나태이다. 나는 떠오르지 않던 이 죄악들을 찾아내고는, 왠지 촌스럽고 고리타분하다는 생각을 했다.

이 일곱 가지 죄악과 관련해 우스갯소리를 좀 해보겠다. 음욕은 아주 '무거운' 죄악이다. 음욕은 음욕 자체가 목적이지 그 죄악을 저지르는 다른 목표라는 게 없다. 또한 이 죄악 때문에 부부 사이의 신뢰가 깨지기도 한다. 정치인들의 경우 불법적인 뇌물 수수 혐의가 있어도 대충 잘 넘어가지만, 이 죄악을 저지르면 정치 생활은 더 이상 불가능하다. (요즘 젊은이들 사이에서는 결혼하기 전까지 순결을 지키겠다고 선언하는 것이 유행이다. 이처럼 새롭게 등장한 보수적인 젊은이들 덕분에 이혼 전문 변호사들의 벌이가 앞으로 매우 짭짤해질 것 같은 생각이 든다.)

아무리 노력해도 인색함과 질투는 용서받기 어렵다. 하지만 분노는 꼭 나쁘다고만은 말할 수 없는데, 그 안에 긍정적인 면이 있기 때문이다. 바로 '열정'이라는 것이다. 분노를 하는 건 그만큼 열정적이라는 증거 아니겠는가! '부글부글 끓으면, 언젠가는 폭발한다'라는 말이 있다. 폭발한다는 것, 왠지 맘에 들지 않는가? 우리는 상처를 받고도 무조건 참고 견뎌야 한다고 생각한다. 그래야 조화로운 세상이 유지된다고 믿는 것이다. 그러나 이는 착각에 불과하다. 스트레스가 쌓이면 결국 병만 키운다. 나는 과거에 ‘분노함’에 있어 ‘나태’했던 사람이었다. 언제나 솔직하지 못해 질질 끌려가다 급기야 최후의 상황까지 간 적이 한두 번이 아니다. 하지만 나는 그 일을 계기로 새로운 시작을 경험했으며, 비로소 삶의 활기를 되찾을 수 있었다.

‘교만’이라는 말에 대해선 새로운 해석이 필요하지 않을까 싶다. 이 죄악 역시 무조건 부정적으로만 바라볼 순 없다. 자세히 살펴보면 긍정적인 뿌리가 보이니까 말이다. 교만하기 위해서는 어느 정도 자신감도 있어야 할 것이며, 자신이 옳다는 확신도 있어야 할 것이다. 괴테는 이렇게 말했다.

“넝마를 걸친 거지만이 겸손할지어다.”

나는 일곱 가지 죄악 중에서 ‘나태’와 ‘탐욕’을 특히 좋아한다. 당신도 게으른 사람들이 이상하리만치 빨리, 그리고 정해진 시간 내에 일을 마무리하는 경우를 본 적이 있을 것이다. 그들은 서둘러 자신들의 유일한 낙인 ‘나태한 시간’으로 다시 돌아가기 위해 집중력을 높여 신속·정확하게 일을 마무리하는 경향이 있다.

탐욕은 주로 먹고 마시는 것과 관련한다. 경우에 따라서는 그 정도가 심각해지기도 한다. 앞서도 말했지만 나만 해도 하루 종일 먹지 못한 허기짐을 저녁에 한꺼번에 채우고는 한다. 그것도 아주 무서울 정도로 말이다. 하지만 항상 올바른 식습관을 지키는 사람이 과연 몇이나 될까? 먹는 것을 좋아하는 난 항상 허기가 진다. 탐욕이라는 죄를 짓는 사람은 스스로를 엄격하게 다스릴 필요가 있을 텐데 나는 매번 실패해서 문제다. (너무 어려운 과제라 최소 예순은 되어야 극복할 수 있지 않을까 하는 두려움까지 든다.)

개인적으로는 성경의 일곱 가지 죄악 중에서 '인색'과 '질투'라는 죄악만이 진정한 죄악인 것 같다는 생각이 든다. 그 외의 죄악은 인간의 정신 건강과 신체 건강에 어느 정도는 긍정적인 영향을 끼치는 듯하다.

쉰 살을 맞이해 자신만의 죄악 목록을 만들어보는 것은 어떨까? 그렇다고 해서 스스로에게 너무 엄격하게 굴 것은 없다. 한 달의 죄악 목록이 가득 차면 나처럼 다음 달로 밀어 써도 괜찮다.

성찰의 여백

- 어렸을 때 부모님이나 선생님 혹은 누나나 오빠가 당신이 어떤 행동을 했을 때 혼을 내고 절대 그런 행동을 해서는 안 된다고 꾸짖었는가?

- 당신은 특별한 성격 덕분에 전국에서 최고로 모범적인 사람으로 선발되었다. 어떤 성격으로 최고였으면 좋겠는가?

  – 거짓말을 못하고, 분노할 줄 모르는 성격

  – 금욕자이며 남에게 인색하지 않은 성격

혼자 있는 것의
기쁨

세상에 어둠과 검정색, 완벽한 고요함이 존재하지 않는다고 상상해보자. 물론 어둠과 정적을 반가워하는 사람은 그리 많지 않을 것이다. 고요함은 고독 못지않은 두려움의 대상이니까. 우리는 눈앞에 무엇인가가 있어야만, 그리고 작은 소리라도 들려야만 비로소 마음의 안정을 찾을 수 있다.

나는 어렸을 때 줄곧 라디오를 켜놓고 숙제를 했다. 이상하게도 주위가 조용하면 숙제를 할 수 없었기 때문이다. 빌딩 엘리베이터를 타면 항상 잔잔한 음악이 흘러나온다. 낯선 사람들과 좁은 공간에 머무는 동안 생길 수 있는 불안감을 조금이나마 해소시키기 위한 배려일 것이다. 백화점도 마찬가지이다. 그곳에서는 언제나 '특별한 멜로디'가 들려온다. 대개 그런 음악은 소비자의 마음을 안정시키기 위해서라기보다는 소비 욕구를 자극하려는 목적이 더 크다. 매출을 올리기 위해 특별히 엄선한 음악을 트는 것이다. 우리는 이 음악에 따라 지갑을 꺼내기도 하고 그냥 지나치기도 한다. 음악의 힘은 이뿐만이 아니다. 젖소에게 특정한 음악을 들려주면 생산되는 우유량이 훨씬 많아진다고 한다.

혹시 당신은 종종 귀가 먹먹해지는가? 만약 그렇다면 젊어서 음악을 크게 들었거나 나이트클럽을 즐겨 찾았을 것이다. 아니면 귀이개로 지나치게 귀를 파서일지도 모르겠지만. 이비인후과에 가서 귀를 깨끗하게 청소해보는 건 어떤가? 어쩌면 그동안 듣지 못했던 새로운 소리를 듣게 될지 모른다. 이제 들릴 듯 말 듯한 소리도 경청해보자. 그 안에 소중한 메시지가 담겨 있을 수 있다. 슈트라우스Strauss의 '아름답고 푸른 도나우'의 도입부나, 라벨Ravel의 '볼레로'의 차분하고 섬세한 화음과 멜로디를 들어보자. 이를 통해 작은 소리도 들을 수 있는 연습이 가능하다.

우리는 스스로 모든 소리를 듣고 구분할 줄 안다고 믿고 있다. 하지만 그것은 착각이다. 타인과 정말로 솔직한 대화를 나누는 사람이 과연 몇이나 될까? 어쩌면 우리는 진실한 사람이 몇 명 안 된다는 것을 너무나 잘 알기에 남의 이야기에 귀를 기울이지 않고 있는지도 모른다. 쉰 살이 된 우리는 이제 말의 내용만 들을 게 아니라, 상대방의 숨소리와 목소리의 높낮이를 통해 진실을 분석할 줄 알아야 한다. 쉰 살이 되어서까지 속고만 살아서는 안 되지 않겠는가?

상대의 말을 귀 기울여 듣는 것은 그리 어려운 일이 아니다. 그저 진심으로 경청하면 되는 것이다. 여기에는 예의 바른 태도는 물론이고 상대에 대한 애정이 필요하다. 경청하는 기술이 향상되면 거짓말쟁이나 과장을 일삼는 사람을 구별해낼 수 있다. 또한 누구의 말이든 무조건 믿고 보는 바보 같은 실수를 저지를 일도 없다. '어울리지 않는 화음'이란 음악의 멜로디 속에만 존재하는 것이 아니다. 우리는 이런 어울리지 않는 화음, 즉 대화 속에서 거짓과 가식을 찾을 수 있어야 한다. 물론 이를 위해서는 끊임없는 노력이 필요하다.

사람들이 혼자 있는 것을 두려워하는 이유는 무엇일까? 단지 그 정적의 상태를 견디지 못해서일까? 우리는 항상 어디선가 소리가 들리길 바라며 함께 이야기를 나눌 사람이 언제나 곁에 있길 바란다. 독일의 유명 작가인 로리옷(Loriot, 독일의 코미디언이자 작가, 만화가, 연극과 교수, 만화가, 배우 등을 겸했던 인물 ― 옮긴이)은 전형적인 부부의 모습을 묘사한 적이 있다. 퇴근 후 남편은 거실에 앉아 신문을 펼쳐든다. 한편 저녁 식사를 준비하는 아내의 수다는 끝날 줄 모르는데……. 남편은 조용히 신문을 읽고 싶지만 아내는 그 마음을 전혀 모르는 듯하다. 이 두 사람 사이에는 분명히 소음이 존재한다. 하지만 그 소음 속엔 거대한 '고독'이 숨어 있다. 느껴지는가?

당신은 어떤가? 상대방이 휴식을 원할 때, 기꺼이 혼자 있도록 내버려두는가? 휴식을 원하는 상대를 배려하는 것, 이 역시 우리 나이에 꼭 갖춰야 할 미덕이다.

당신은 고독한가? 그렇다면 조용한 분위기에서 대화를 나눌 수 있는 대상이 무엇인지 알아야 한다. 생각할 필요도 없이 그것은 바로 책이다. 책은 누구보다 훌륭한 대화 상대이며, 책을 읽으면서 우리는 얼마든지 자문할 수 있다. 뿐만 아니라 생각의 전환도 가능하다. 한마디로 말해서 평소에 책을 가까이하는 사람은 고독해지고 싶어도 고독해질 겨를이 없는 것이다.

편지를 쓰거나 이메일을 보내는 것은 어떨까? 대화란 꼭 상대방의 얼굴을 마주해야만 가능한 것은 아니다. 그렇다면 편지를 쓰는 것이 어떤 면에서 좋을까? 글을 쓰려면 일단 섬세한 사고가 전제되어야 하기 때문에 대화를 할 때보다 자신의 생각을 더 차분하고 정확하게 표현할 수 있다. 그래서 오해가 있을 때 편지를 쓰면 화해가 더 쉬운 것이다.

경청할 줄 아는 능력, 혼자서도 꿋꿋할 수 있는 능력은 빨리 기르수록 좋다. 그러면 살아가면서 삶의 지혜를 더 많이 얻을 수 있기 때문이다. 우리는 수십 년 동안이나 경청할 줄도, 혼자 있는 법도 모르고 살아왔다. 홀로 있으면서, 그리고 남의 말을 경청하면서도 얼마든지 기쁨을 느낄 수 있다는 것을 이제는 분명히 알아차릴 때가 왔다.

성찰의 여백

- 어린 시절에 당신은 어른들과 대화할 때 항상 "왜요?"라고 질문했었나? 아니면 언제나 조용히 귀 기울여 듣길 좋아했는가?
- 정말 괜찮은 스토리가 떠올라 글을 쓰려고 한다. 다음 중 당신은 어떤 형식으로 글을 쓰겠는가?
  - 소설
  - 영화 시나리오
  - 희곡
  - 오디오 북

49

자연과 함께하는
삶

이탈리아에서 빌라를 빌려 휴가를 보낸 적이 있었다. 도착하던 날, 나는 그 집에 뱀과 전갈이 있다는 이야기를 듣고 호들갑을 떨고 말았다. 남편은 나를 진정시키기는커녕 이렇게 말했다.

"이 집 주인은 애들이고, 우리는 방문객이지 않소?"

남편의 말이 맞았다. 그 이후 나는 새로운 곳을 찾을 때마다, 그곳에서 만나는 끔찍한 동물들에 대한 나의 태도를 바꾸기 시작했다. 물론 뱀이나 전갈은 일부러 인간을 공격하는 동물들이 아니다. 그들은 다만 인간의 방해를 받고 싶지 않을 뿐이다.

당신은 '자연'이라는 단어를 들으면 무엇이 먼저 떠오르는가? 무공해 과일과 채소, 아니면 천연에너지인 태양열에너지나 풍력

에너지? 혹은 일요일에 가족들과 찾은 교외의 산책로? 뭐, 어떤 것이라도 상관없다. 그런데 우리 아이들이나 손자 손녀들은 '자연' 하면 과연 무엇을 떠올릴까? 결코 쉽게 대답할 수 있는 문제가 아니다. 그들은 외양간 특유의 향기를 알지 못한다. 여유롭게 마른풀을 씹으며 꼬리를 흔들고 있는 소들, 소의 입가에 퍼지는 뿌연 입김이 얼마나 따뜻한지 우리 아이들이 무슨 수로 알겠는가.

나는 시골에서 태어나 자랐고, 아직까지도 그 당시의 추억과 풍경, 기억 속에 남아 있는 향기가 선명하다. 만약 당신이 부드럽고 따스한 말의 입, 소의 거친 혓바닥을 손으로 직접 느껴보지 못했다면 당신은 인생을 살아가면서 중요한 무언가를 빠뜨린 것이다. 말이나 소처럼 몸집이 큰 동물들과 교감해본 사람은 자연에 대한 친밀감이 무엇인지 정확히 이해한다.

콘크리트 건물로 가득한 도시에서 벗어나 자연을 느껴보자. 햇살이 나뭇가지와 잎사귀 사이로 눈부시게 비치지 않는가? 따사로운 햇빛이 비치는 숲 속을 걸으며 푹신한 흙을 직접 밟아보자. 보슬비에 젖은 나무와 흙의 향기가 당신을 감싸지 않는가?

우리 같은 도시 사람들은 블루베리며, 산딸기며, 블랙베리가 자라는 곳이 어딘지 모른다. 손에 빨간 물이 들고, 가지에 긁혀도, 열매를 딴다는 즐거움에 그 아픔조차 느끼지 못한다는 것이 무엇인지 아는가? 많은 버섯이 자라고 있는 비밀스러운 장소를 찾아냈을 때의 기쁨 역시 알 턱이 없다. 시장에서 "이거 너무 비싼 거 아냐?"라며 불평을 해대는 사람은 진짜 산딸기의 참맛이 무엇인지 알지 못한다.

나처럼 시골에서 자란 사람들은 어린 시절에 새를 접할 기회가 많았을 것이다. 참새, 비둘기, 그리고 제비는 참으로 흔했다. 나의 경우 새에 대한 특별한 애정이 생긴 것은 남편 덕분이었다. 어느 날 헬리콥터처럼 날아오르는 아주 특이한 새를 발견하고 이를 경이롭게 바라보고 있었다. 그때 남편이 그 새가 바로 '후투티 hoopoe'라고 알려줬다. 말로만 듣던 새를 이렇게 눈앞에서 보다니, 나는 그 놀라움을 어떻게 표현해야 할지 알 수 없었다.

한번은 별장에 꿩이 날아든 적이 있다. 마치 장군처럼 우렁찬 소리를 내며 (가요 콘테스트에서 나가면 백 퍼센트 탈락할 만한 목소리였다.) 어슬렁어슬렁 집 안으로 들어온 녀석. 우리는 꿩이 집으로 들어왔다는 사실 그 자체만으로 엄청나게 놀랐다. 꿩에 대해서 내가 알고 있는 것이라곤 사냥꾼의 총알이 더러는 꿩고기 안에 남아 있을지 모르니 먹을 때 각별히 조심해야 한다는 것, 그리고 꿩을 보며 장수를 빌면 좋다는 것뿐이었기 때문이다. 우리는 꿩이 놀라서 도망가지 않게 조용히 숨을 죽이며 한참을 바라보고 있어야 했다.

작년이었다. 해질 무렵에 여우 한 마리가 우리 집을 향해 킁킁거리며 다가왔다. 그리고 호기심에 가득 찬 눈으로 살짝 열린 문을 통해 우리 집 안을 들여다보고 있었다. 그 전까지 여우라는 동물을 실제로 단 한 번도 본 적이 없던 우리는 겁에 질려 덜덜 떨었다.

당신은 어떤가? 자연과 친근한 삶을 살아가고 있는가? 그렇지 않다면 이제 쉰 살이 된 기념으로 자연과 좀 더 친해지는 건 어떤가?

시멘트 숲 속에 산다고 해서 우리가 누릴 수 있는 자연을 포기할 필요는 없다. 눈을 크게 뜨고 주위를 한번 둘러보자. 아울러 우리 역시 자연의 일부라는 사실을 명심하자! 꾀꼬리 소리 같은 자연의 소리는 명상 음악 못지않게 우리에게 안정감을 준다. 쉰 살 생일에 이런 환상적인 자연을 재발견하는 것은 어떨까?

성찰의 여백

- 어렸을 때 본 동물들을 기억해보자. 집에서 애완동물을 키웠는가? 당신에게 가장 소중했던 동물은 무엇이었는가?

- 다가오는 여름 내내 농장에서 한 가지 일을 해야 한다면 당신은 다음 중 어떤 일을 선택하겠는가?

  – 외양간 청소, 말, 돼지, 오리, 닭, 거위, 칠면조 사육, 그리고 풀베기와 감자 캐기, 채소와 꽃 가꾸기, 정원 돌보기

  – 농장에서 일하는 사람 열다섯 명을 위한 밥상 차리기

50

당신의 포도주는
아직 반이나 남았다

말로만 이렇게 왈가왈부하는 것은 별 소용이 없다. 솔직히 우리의 걱정과 두려움을 툭 터놓고 이야기하는 것이 가장 좋은 방법 아닐까? 이제 당신은 쉰 살이다. 더 이상 젊은 세대가 아니며, 얼굴의 주름은 갈수록 깊어만 간다. 게다가 질병이 우리를 위협하는 까닭에 두려움과 걱정이 몰려온다. 그렇다, 이제 당신은 쉰 살이다. 두려워하고 있는 이유도 바로 그것 때문 아닌가? 짐작컨대 당신은 늙어가고 있다는 사실을 인정하려 하지 않기 때문에 두려운 것이다.

우리가 긍정적으로 산다고 해도 나이를 먹으면서 생겨나는 수많은 문제들을 피해갈 수는 없다. 세상이 존재한 이후, 언제나 그래왔고 이는 앞으로도 변함없으리라. 하지만 그럼에도 우리는 마지막 순간까지 최선을 다해 삶을 즐겨야 한다.

세계관(이 단어의 의미를 '특정한 입장에서 관찰하는 방법'으로 이해해주길!)에 대해, 그리고 낙천주의와 염세주의에 대해 많은 철학자들과 유명인들은 나름대로의 생각을 가지고 있었다. 쉰 살을 맞이해서, 이들의 말에 귀를 기울여보자.

"염세주의란 걱정 없는 사람들만이 누릴 수 있는 사치다."

– 로버트 안톤 윌슨Robert Anton Wilson

"세상은 낙천주의의 산물이다. 새들이 노래하는 것이 그 증거이다."

– 장 지오노Jean Giono

"염세주의자에게는 아무런 희망도 없다."

– 테오도르 호이스Theodor Heuss

"변명이 아무리 그럴싸하더라도 염세주의는 유익하지 않다. 행복한 이들의 인생은 잔잔한 물결처럼 평화롭다."

– 빌헬름 부슈Wilhelm Busch

"염세주의자는 삶의 기쁨을 노래한다."

– 프랑크 베데킨트Frank Wedekind

"염세주의란 낙천주의가 사랑받기 위해 버려야 할 어두운 그늘이다."

– 프랑크 징Frank Schatzing

"염세주의는 곧 더 멀리 바라볼 줄 아는 낙천주의다."

– 게오르크 크라이슬러Georg Kreisler

"낙천주의는 두려움에서 비롯된다."

– 오스카 와일드Oscar Wilde

"낙천주의는 정보의 부족에서 비롯된다."

– 하이너 뮐러Heiner Muller

"낙천주의는 존재 그 자체를 중시하며, 세상과 삶의 가치를 긍정하는 세계관이다."

– 알버트 슈바이처Albert Schweitzer

"우리는 낙천주의나 염세주의라는 표현을 남용하고 있다. 하지만 이는 겁쟁이에게나 필요한 표현이다."

– 프리드리히 니체Friedrich Nietzsche

"앞으로 일어날지 안 일어날지도 모르는 미래의 일에 미리부터 불안해하지 말자. 그렇다고 사소한 것에 지나치게 기뻐하거나 감동하는 유치함도 버리자. 이성의 염세주의, 의지의 낙천주의."

– 안토니오 그람시Antonio Gramsci

"기쁨은 소유에 있는 것이 아니라 주는 데 있다. 다른 사람을 행복하게 만드는 사람이야말로 진정으로 행복해질 것이다."

– 앙드레 지드Andre Gide

어떤 위인의 생각이 당신의 사고방식과 일치하는지 아닌지는 중요하지 않다. 염세주의와 낙천주의에 대한 당신의 판단이 당신의 실제 삶을 변화시키지는 않을 테니 말이다. 당신 얼굴의 주름은 앞으로 더욱 깊어만 갈 것이며, 이제까지보다 더 힘들고 어려운 일도 분명히 생길 것이다. 이런 상황에서 우리가 변화시킬 수 있는 것은 우리의 태도뿐이다. 지나치게 부정적인 사상을 뜻하는 염세주의(페시미즘)의 어원인 'pessimum'이 라틴어로 '가장 나쁘다'라는 의미를 가지고 있음을 기억하자.

쉰 살이 되었거나 넘었더라도 지금까지 해오던 그대로 하면 된다. 걷다가 신발에 돌조각이 들어가면 항상 하던 대로 털어버리면 된다. 와인 잔이 비지 않았는지 세심히 살피면서, 멋지게 쉰 살 생일을 자축하자.

'현재'란 3초면 지나가버리는 찰나에 불과하다. 그러니 순간순간을 소중하게 즐기자. 명심하자, 우리는 행복한 삶을 위해 필요한 모든 요소를 갖춘 완벽한 존재임을!

여자 쉰 살, 우아하게 자유롭게

2판 1쇄 발행 | 2020년 7월 30일

지은이 | 마르깃 쇤베르거

옮긴이 | 윤미원

펴낸곳 | 북씽크

펴낸이 | 강나루

주　　소 | 서울시 서초구 명달로24길 46, 3층 302호

전　　화 | 070 7808 5465

등록번호 | 제 206-86-53244

ISBN　979-11-6528-237-0　03190